U0744034

讲给当代青年的36堂礼仪课

张建宏 编著

浙江工商大学出版社
ZHEJIANG GONGSHANG UNIVERSITY PRESS
·杭州·

图书在版编目(CIP)数据

讲给当代青年的36堂礼仪课 / 张建宏编著. —杭州:浙江工商大学出版社,2019.9(2020.11重印)

ISBN 978-7-5178-3338-3

Ⅰ. ①讲… Ⅱ. ①张…Ⅲ. ①礼仪—青年读物 Ⅳ. ①K891.26-49

中国版本图书馆 CIP 数据核字(2019)第 142871 号

讲给当代青年的36堂礼仪课
JIANG GEI DANGDAI QINGNIAN DE 36 TANG LIYIKE
张建宏 编著

责任编辑	王 耀 白小平	
封面设计	程 楠	
责任印制	包建辉	
出版发行	浙江工商大学出版社	
	(杭州市教工路198号 邮政编码310012)	
	(E-mail:zjgsupress@163.com)	
	(网址:http://www.zjgsupress.com)	
	电话:0571-89995993,89991806(传真)	
排 版	杭州朝曦图文设计有限公司	
印 刷	杭州高腾印务有限公司	
开 本	710mm×1000mm 1/16	
印 张	15	
字 数	200千	
版 印 次	2019年9月第1版 2020年11月第2次印刷	
书 号	ISBN 978-7-5178-3338-3	
定 价	58.00元	

目 录

CONTENTS

·第01课·

历史的追寻

——中国"礼仪之邦"的由来

中华文明源远流长,在五千年的历史长河中,中国形成了完整的礼仪规范和优秀的传统美德,被世人赞誉为"礼仪之邦"。礼仪并非中国人的独创,而是一种世界性的文化现象,世界各民族都有自己的礼仪规范。但与世界其他民族的礼仪相比,中国的礼仪却具有其独特的地位与价值,如法国汉学家汪德迈所说:"除了中国以外,从来没有其他的国家使用过类似礼治的办法来调整社会关系,从而维持社会秩序。"中国古代所谓的礼仪,包括的范围、内容和形式非常广泛。直到近代,礼仪的范畴才逐渐缩小。也就是说,"礼"有广义与狭义之分。广义的"礼",是社会政治生活的总规范,包括社会政治制度、思想道德准则、习俗等。狭义的"礼"主要指三个方面:一是在社会生活中由风俗习惯形成的大家共同遵守的行为规范和仪式;二是表示尊敬的言语和动作;三是礼物。现代人们所说的"礼",一般指狭义的礼。

礼仪的起源最早可以追溯到原始社会氏族公社时期的祭祀活动。学者王启发说:"中国古代最原初的'礼'有原始宗教的性质,它起源于史前时期的各种神鬼崇拜和各种巫术、禁忌、祭祀、占卜等巫祝文化。"原始社会时期生产力低下,虽然原始人有了简单、形象的直观思维,与动物界相脱离,但面对神奇变幻的大自然仍无能为力,他们把诸多难以理解和解释的自然现象神秘化,认为日月星辰、风雨雷电、四季变化是神灵的力量所造就,天地万物都受神灵的主宰。于是他们置身于自己编织的神话世界中,对冥冥之中的"万物之灵"产生了敬畏感。为了求福避祸,得到大自然更多的恩赐,他们用美酒、美食祭祀心中的神灵,于是便有了祭祀仪式。后来,这种行为方式扩展到人类生活的各种活动中,逐渐成为大家公认的民风礼俗,并进一步形成比较系统的行为规范,也就是礼仪。正如郭沫若在《十批判书》中所说,"大概礼之起,起于祀神,故其字后来从示,其后扩展而为对人,更其后扩展而为吉、凶、军、宾、嘉的各种仪制"。原始社会的祭祀活动成为中国礼仪文化形成的源头。

延伸阅读

握手与鞠躬的来历

人类社会的文明,就像长河之水,奔腾不息。人类社会的礼仪也像这长河中朵朵洁白的浪花,把我们的生活点缀得绚烂多彩、美妙动人。但是,曾否有人想过这朵朵浪花来自何方,是怎样形成的呢?现在让我们沿着伦理学的小溪,撷两朵浪花,欣赏一番。

在"刀耕火种"的原始社会,人们用以防身和狩猎的主要武器就是棍棒和石头。传说当人们在路上遭遇陌生人时,如果双方都无恶意,就放下手中的东西,伸开双手让对方抚摸掌心,以示亲善。这种表示友好的习惯沿袭下来就成了今天的握手礼。关于握手起源的另一种说法是,在中世纪时的欧洲,打仗的骑兵都披挂盔甲,全身除了两只眼睛外都被包裹在盔甲中,如果想表示友好,互相接近时就脱去右手的甲胄,伸出右手表示没有武器,消除对方的戒心,互相握一下右手,即为和平的象征。沿袭下来到今天,就演变成了握手礼。

我国商代有一个祭天仪式叫"鞠祭":祭品(猪、牛、羊等)不切成块,而是将整体弯卷成圆的"鞠形",再摆到祭祀处奉祭,以此表达祭祀者的恭敬与虔诚。这种习俗在一些地方一直保存到现在,不少地方逢年过节祭拜祖宗天地时,人们总把整鸡、整鸭弯成圆形,或把猪头、猪尾放在一起,表示其头尾相接。在现实生活中,人们逐渐援引这种形式来表达自己对地位崇高者或长辈的崇敬。于是,弯下腰,象征性地表示愿把自己作为"鞠祭"的一个牺牲品而奉献给对方,这就是"鞠躬"的来历。

资料来源:黄士平:《世界通行握手礼》,《现代交际》,2000年第12期,有删改。

炎黄时期,传统礼仪已渐至严密,且逐渐被纳入礼制的范畴。历史上有过"礼理起于大一,礼事起于遂皇,礼名起于黄帝"之说。尧舜时代,民间交际礼仪得到进一步的发展。《通典》认为,"自伏羲以来,五礼如彰,尧舜之时,五礼咸备"。

西周时期是我国古代历史上的礼治时代,这一时期的礼仪习俗逐渐演变为法定的制度,成为传统文化的核心。我国古籍中有许多是论述礼教的,如《周礼》《仪礼》《礼记》合称"三礼",它们是我国最早、最重要的有关礼仪的论著。在汉以后2000多年的历史中,"三礼"一直是国家制定礼仪制度的经典著作。

春秋战国时期,诸侯纷争,周王室日益式微,周礼受到了极大的冲击,出现"礼崩乐坏"的局面。但在此期间,孔子、孟子、荀子等思想巨人相继涌现,发展和革新了礼仪理论。这一时代最值得一提的是以孔子为代表的儒家对宗周典章的虔诚追求和对礼仪制度的竭力维护,并把原本属于王室贵族的礼仪推向全体民众。孔子一生提倡"礼",他所提倡的"礼"在继承周礼的基础上有很大变化,在他的弟子整理而成的《论语》中,约有72处讲"礼"。孔子系统地阐述了礼及礼仪的本质与功能,把礼仪理论提高到一个新的高度。孟子发展和改造了孔子的"礼治"理论,提出了适合地主阶级理想的"仁政"学说,其中心内容是"以德服人"。荀子十分注重建立新的封建等级制度,提出了"隆礼""重法"的主张。他把"礼"看成检验尺寸的法度,检验重量的权衡,检验曲直的绳墨,检验方圆的规矩。

延伸阅读

孟子四心四端说

恻隐之心,人皆有之;羞恶之心,人皆有之;恭敬之心,人皆有之;是非之心,人皆有之。恻隐之心,仁也;羞恶之心,义也;恭敬之心,礼也;是非之心,智也。仁义礼智,非由外铄我也,我固有之也,弗思耳矣。故曰求则得之,舍则失之。

所以谓人皆有不忍人之心者,今人乍见孺子将入于井,皆有怵惕恻隐之心。非所以内交于孺子之父母也,非所以要誉于乡党朋友也,非恶其声而然也。由是观之,无恻隐之心,非人也;无羞恶之心,非人也;无辞让之心,非人也;无是非之心,非人也。恻隐之心,仁之端也;羞恶之心,义之端也;辞让之心,礼之端也;是非之心,智之端也。人之有四端也,犹其有四体也。

资料来源:《孟子·告子上》《孟子·公孙丑上》。

西汉初期,汉武帝采纳董仲舒的建议,"罢黜百家,独尊儒术"。礼仪作为社会道德、行为标准、精神支柱,其重要性被提高到了前所未有的高度。《史记》在介绍制度史的时候,把《礼书》放在第一篇,并且强调它对于治理社会的基础意义。唐高宗李治时期,徐坚等人奉命修撰《大唐开元礼》一百五十卷,这是封建礼制的最高典范。唐末杜佑撰写《通典》,其中《礼典》一百卷,是有关仪制研究的一个里程碑。随着宋代理学的兴起,理学家对礼治思想的阐述,进一步强化了礼治秩序。朱熹说:"礼者,天理之节文,人事之仪则也。"按照他的说法,礼仪只是一种外在的形式,而其实质就是"理",即纲常伦理。所谓封建礼教吃人的悲剧,实际上就是从这个时期开始愈演愈烈的。值得一提的是,宋代一些学者致力于家礼、家训格言、乡规民约一类文字的撰写,成为传统礼仪的重要补充,对于民众的行为规范有着一定的指导意义。北齐颜之推的《颜氏家训》,堪称家礼之典范,古今家训,大都受它的影响。北宋司马光的《居家杂议》和南宋陆游的《放翁家训》,也对后世产生了很大的影响。南宋朱熹的《家礼》在明清两代传遍全国,成为家庭礼仪的圭臬。

随着社会的变革和发展,特别是在封建社会的后期,礼越来越成为束缚人们思想、行为的绳索。晚清时,龚自珍不得不作诗疾呼:"九州生气恃风雷,万马齐喑究可哀。我劝天公重抖擞,不拘一格降人才。"辛亥革命之后,封建王朝覆灭,孙中山主政的南京临时政府颁布的一系列政策制度,表明了与封建礼制的彻底决裂,掀起了一股礼仪革新之风。1919年爆发的五四运动,对腐朽、落后的礼教进行了清算,符合时代要求的礼仪被继承、完善、流传,那些繁文缛节逐渐被抛弃,同时接受了一些国际上通用的礼仪形式。中华人民共和国的成立,标志着中国礼仪进入了一个崭新的阶段。

长期以来,由于大量礼仪文化的精华与糟粕处于渗融并存的状态,又由于礼仪文化的糟粕所产生的不可低估的消极作用,我们忽视了传统礼仪文化这一宝贵的精神财富。2013年11月,习近平总书记在山东曲阜调研时指出,对历史文化特别是先人传承下来的道德规范,要坚持古为今用、推陈出新,有鉴别地加以对待,有扬弃地予以继承。《论语·为政》中说:"殷因于夏礼,所损益,可知也;周因于殷礼,所损益,可知也;其或继周者,虽百世,可知也。"这句话清楚说明了礼制继承与变革是如何相统一的。在新的历史条件下,我们应汲取传统礼仪中合理的、有益的因素,并且与时俱进地赋予其新的内涵,实现传统与现代的有机融合,重建一套现代文明礼仪。

延伸阅读

你愿意向他人行"拥抱礼"吗

由西方传入中国的"拥抱礼",是展现亲和力、促进社会文明乃至筹集善款的有效手段。

中国人不太习惯拥抱。当外国友人向我们伸出双臂时,大多数人往往不知所措。他们对我们也不太理解:你们排队时可以跟陌生人紧贴在一起,为什么跟熟人拥抱却这般忸怩?这几年,情况好像有点变了。中国人在车站排队,与人前胸贴后背的现象少见了,年轻人对拥抱也不排斥了。一次我上礼仪课,学意正浓时,有人跳出来要我讲讲"拥抱"。我请一位学员上台配合,没想到,大家仅仅观摩还不过瘾,都要求上来体验一把,并获得反馈,我就干脆"到群众中去"了。面对大家的热情和张开的双臂,那天,我差点儿没能回到讲台上。

美国一直奉行"适度接触"的文化,相较"远距离"行鞠躬礼的日本人,美国人更喜欢用身体接触表达感情;当然,比起拉丁美洲和中东文化里的紧密拥抱,他们还是有差距的。美国公众人物也有意引领拥抱文化,他们深知,诚意十足的拥抱更有助于展现亲和力。在一次会议上,比尔·克林顿主动与中国艾滋病患者宋鹏亲密接触,赢得了在场观众的掌声和尊敬。

拥抱和亲吻还可以作为筹款方式。在美国某大学的广场中心,一位漂亮女生让男生排队来拥抱和亲吻她的脸颊,一次一美元。记得二三十年前,我刚去美国时是二十五美分。当然,拥抱是有规矩的:一般会在女生前面放一张桌子,拥抱的人只能隔着桌子。记得那时,中国留学生都没有胆量去排队;要是放到今天,估计顾虑就没那么多了。

资料来源:戴晓雪:《你愿意向他人行"拥抱礼"吗?》,《青年参考》,2015年7月15日,有删改。

· 第02课 ·

礼仪的价值

——礼仪带给我们无穷的力量

　　人类的活动在受自然规律影响和制约的同时,还受社会规律及由社会规律决定的各种社会规范的影响和制约。在这些社会规范中,除了道德规范和法律规范以外,还有一个很重要的方面,这就是礼仪规范。礼仪,作为在人类历史发展中逐渐形成并积淀下来的一种文化,始终以某种精神的约束力形式支配着每个人的行为。礼仪是人类文明进步的重要标志,是适应时代发展、促进个人进步和成功的重要途径。

延伸阅读

以礼兴邦——《礼仪之邦》歌评

　　2013年,由安九作词作曲的歌曲《礼仪之邦》发布,大气的古典风格虽然没有凌人之势,但是那种细细流淌出来的韵律让人很震撼。

　　"子曰'礼尚往来',举案齐眉至鬓白,吾老人幼皆亲爱,扫径迎客蓬门开。"时至今日,"礼尚往来"仍是经常出现的高频词,其意是指礼节上应该有来有往,现也指以同样的态度或做法回答对方。"礼"就是礼仪,"尚"就是注重。"举案齐眉"出自《后汉书·梁鸿传》"为人赁舂,每归,妻为具食,不敢于鸿前仰视,举案齐眉",用以形容夫妻间以礼相待、相互尊重。而能否与所得"一心人"相伴白头,既恩爱又能相互包容理解就显得尤为重要。"吾老人幼"是一种互文的用法,出自《孟子·梁惠王上》中的"老吾老以及人之老,幼吾幼以及人之幼"。而"皆亲爱"是比较好的用法,古代多是用单音节的字表示词语,故这里的意思会更全面,而内在联系也更加紧密。"扫径迎客"也有典可依,其意就是清扫道路以表示迎客的诚意。"蓬门"指用蓬草编的门,借指贫苦人家。杜甫曾在《客至》中有过"花径不曾缘客扫,蓬门今始为君开"的句子,以表示他迎客的诚意与热情。

"看我泱泱礼仪大国,君子有为德远播。江山错落,人间星火,吐纳着千年壮阔。"我们是"礼仪大国",几千年传承的礼仪文化为西方国家所赞叹钦佩。所谓"德远播",更是一种于文化交流上所得到的肯定。"君子",人格高尚、才德出众的人,这便是中国人经常吟咏歌颂的思想与品质。后面那句话的前两个分句,表现的则是亘古不变的国之辽阔、民之常态。"吐纳"这个动词意为吐故纳新,于古代为养生之道,在这里的意思应该就是历经几千年的沉淀蜕变,我们已经摒弃了中华文化糟粕的部分而把其中的精华发展到了极致。

"看我华夏礼仪之邦,仁义满怀爱无疆。"这里出现的"华夏"用的是典故,也是借指中国的意思。而所谓"仁义",也就是礼仪中比较重要的思想,为宽仁慈爱之意,表达的是一种宽和包容的胸怀。礼仪之邦有界,仁义宽和无疆,之于各种文化相互交流所体现出的兼容并包性,更需要有一种海纳百川的博大胸怀。这与上段中对应此段的两个小分句一起,体现的是一个纵向的变化,勾勒出几千年的变化发展与礼仪传承。华夏儿女,承袭的是这样的灿烂文化,也正是这种文化孕育了我们中华民族的魂。

资料来源:刘小迪:《以礼兴邦——〈礼仪之邦〉歌评》,新浪博客,2013年2月11日,http://blog.sina.com.cn/s/blog_a62a9c100101cbko.html,有删改。

礼仪使人格更具魅力。礼仪修养与道德修养是密不可分的。礼仪是社会道德的一种载体,是人生道德的具体化。人类社会的发展,包括道德理论和道德实践的进化。人们根据时代发展的要求,不断提出新的道德准则和规范,以调节和约束人们的行为。礼仪作为道德在社会交往中的表现形式,体现着时代的行为准则和规范。一个人礼仪修养水平的高低,是受其道德修养水平制约的。也就是说,一个人对礼仪运用的程度,可以体现其教养的高低、文明的程度和道德的水准。

延伸阅读

最好的教养,就是不让人难堪

有一次公司组织年度旅游,同事买来雪糕分给大家吃,不知道是谁挑头,雪糕的包装袋被扔到空中,被风吹走。于是大家纷纷效仿,这导致雪糕包装袋漫天飞舞,到处都是。

而只有一个姑娘,悄悄地把包装袋塞进了自己的口袋,还悄悄地捡起了一些包装袋,也塞进自己的口袋。我看到后,觉得这个姑娘的素质很高,而更为难得的是,后来,看到垃圾桶时,她并没有把包装袋扔进去,而是等到出了景区,大家都上车之后,她才悄悄地把包装袋扔进垃圾桶。

后来我和她聊起这件事,她说,大家玩得很开心,她觉得没什么问题,但她自己不喜欢在景区乱扔垃圾。她之所以把包装袋塞进口袋里,直到出了景区才扔掉,一方面是她怕被同事们看见,觉得她做作,另一方面是她不想因为自己保护环境而反衬出大家的不堪。我突然觉得,这个姑娘不仅有一种从骨子里透出来的教养,还很有智慧。这都是今天的人极缺乏的品质,但这两种品质,会让人感到无比美好。有教养的人,所到之处,如春风至。

资料来源:国馆君:《最好的教养,就是不让人难堪》,搜狐网,2017年12月26日,http://www.sohu.com/a/212946563_677085。

礼仪使形象更具风采。随着时代的发展,现代礼仪正成为一种追求人性美的手段与工具。心理学家通过大量测试得出一个结论:一个形象良好、修饰得体的人,更会令人感到可亲、可敬、有感召力、有亲和力、有魅力、有能力。形象是一个人的立身之本,也是赢得他人了解、理解、支持、信任的基础和条件。学习礼仪,运用礼仪,无疑将有益于人们更好、更规范地设计个人形象、维护个人形象,更好、更充分地展示个人的良好教养与优雅风度。此外,人总是社会的人,大部分的人总隶属于某个组织,即人是组织化的个人。人在工作中,总是代表着自己为之工作的组织的利益,显然,工作中的个人形象也代表着组织的形象。

礼仪使交往更为顺畅。社会是不同群体的集合,群体是由众多个体会合而成的,而个体的差异性是绝对的,例如性别、年龄、贫富、尊卑等。礼仪作为一种规范、程序,作为一种文化传统,对人们之间的相互关系模式起着规范、约束和及时调整的作用。遇事讲理,待人有礼,这是一个人品行好、德行高的集中体现。就是说,做人既要讲理,更要讲礼,讲理与讲礼,两者相互联系,相辅相成,相得益彰,密不可分,不可或缺,反之则会事倍功半。所以说,礼仪是人际交往的"润滑剂",具有调节人际关系的作用,能使人与人之间的关系更趋融洽,使人们的交往气氛更加愉快,使人们的交往环境更为宽松。

礼仪使生活更为美好。礼仪存在于我们日常生活的方方面面,是家庭和睦的保证,是公共生活中的"通用语言"。从孝敬父母到邻里和睦,从着装到用餐,从称谓到握手,从出行到购物,从电话的使用到网络交流,都能反映公民的文明素养,体现社会的文明程度。创造文明和谐的社会生活,需要我们"知礼""明礼""习礼",进而"达礼"。当大家都能展现自我的修养,个个以礼待人时,人际关系将会更和睦,生活将变得更温馨。

礼仪使事业更加成功。现代企业要想在激烈的国际竞争中站稳脚跟、谋求发展,就必须融入世界市场中,而其中重要的一点就是在行为礼仪等管理规范上与国际接轨。毕竟一个企业,不管其处于怎样的发展水平,最后起决定作用的还是其精神风貌和办事效率等"软实力"。如果说综合实力中物质因素只是决定着企业实力的大小,那么诸如人员素质的高低、服务水平的优劣,以及企业经营管理是否规范等精神因素则决定着企业的前进方向。如果说物质因素决定着经济实力强弱的话,那么精神因素则影响着竞争力的持久度,二者结合才是正确的选择。

延伸阅读

形象永远走在能力前面

1995年的冬天，如果再找不到工作，那么灰溜溜地回国几乎成为我唯一的选择。然而，我再一次被拒绝了。想起那个面试官的表情，我非常想抓狂。

她竟然因我的形象和我的简历不相符而拒绝继续向我提问。我低头看自己的打扮，很明显，因为穿着问题，我被她鄙视了。我发誓我可以用我的能力让她收回对我的鄙视，但我没有得到表现自我能力的机会。

25年来，我以非常漂亮的成绩和能力一路所向披靡，从来没有人说我没有素质。

我们家并不贫穷，但25年来我的妈妈一直告诉我，能力才是最重要的。我不明白以貌取人在这里居然成为一个正义的词语。这简直是对我25年的人生观的侮辱！我愤怒地冲进一家咖啡馆，天气实在太冷，我也很饿。

咖啡馆的人居然很多。侍者以一种奇怪的眼神把我引到一个空座位边，那是咖啡馆里唯一的空位。我的对面是一个英国老太太，她看起来就像伊丽莎白女王一样尊贵与精致。

我下意识地收起自己宽松睡裤下的运动鞋。然后，我看到了她裙子下穿着丝袜和漂亮高跟鞋的腿。她在这样的年纪，竟然仍能把这样的鞋子穿得非常迷人。

在欧洲的很多高级餐厅里，衣衫不整是会被拒绝进入的。我想我能进来的原因大概是因为我穿了件价值不菲的大衣。我不由得暂时收起自己的愤怒,说:给我一杯热咖啡,谢谢。

侍者走开后,对面的老太太并不看我,而是从旁边拿了一张便笺写了一行字递给我,是非常漂亮的手写英文:洗手间在你的左后方拐弯。

我抬头看她,她正以非常优雅的姿势喝咖啡,没有看我半眼。我的尴尬难以言明,第一次觉得不被尊重是应该的。

我的头发被风吹得非常凌乱,我的鼻子旁边甚至还沾了一点面包屑!虽然我的大衣质地非常好,但我的睡裤把它衬托得很老旧。我第一次有点儿看不起自己。

这样的打扮,我是有多不尊重自己,以致别人觉得我也不尊重他们。我想起下午去面试时自己的日常便装,那应该也是对一个高级经理职位的不尊重吧!

我最后一次面试的职位,是一家大牌化妆品公司的市场推广。我得体的着装打扮为我的表现加了分。那个精致干练的女上司对我说:你非常优秀,欢迎你的加入。

我没有想到,我的上司居然就是我在咖啡馆里遇到的那位英国老太太。她非常有名,是这个化妆品品牌的销售女皇!

我对她说:非常感谢你。是真的非常感谢她,虽然她没有认出我。是的,没人有义务必须透过连你自己都毫不在意的邋遢外表去发现你优秀的内在。

你必须精致,这是女人的尊严。我一直记得!

虽然我们一再强调,不要过分关注一个人的外表而忽视了其内在的品质,但我们也要认识到:一个人的名字,是一个品牌;一个人的形象,是一张名片。衣着得体、外表端庄是对他人的尊重,也是自我成熟的表现。

没有人有义务必须透过连你自己都毫不在意的邋遢外表,去发现你优秀的内在。

资料来源:杨澜:《形象永远走在能力前面》,《思维与智慧》,2014年第16期,有删改。

礼仪使社会更加和谐。孟子曰:"天时不如地利,地利不如人和。"社会首先是人的社会,社会的和谐也首先是人的和谐。"人和",取决于人的素质,而人的素质,则受文化的影响。《易经·贲卦·象传》中说:"观乎天文,以察时变;观乎人文,以化成天下。""文化"的要点就在于"化"字,也就是教人如何做人。由此来说,打造和谐社会的工程,就是打造人心的工程,而打造人心的工程,就是打造和谐文化的工程。礼仪是中华民族特有的人文传统,是中华传统美德的核心内容,是喜闻乐见、行之有效、富于魅力的德育形式。一个讲礼仪的人,必定是一个仁义、道德的人;一个讲礼仪的社会,必定是一个仁义、道德、稳定、和谐的社会。

总之,礼仪是个人素质、素养的外在体现,更是企业形象的具体化展现。礼仪已经备受人们的重视,是人际交往的"润滑剂",更是企业形象的名片。"礼之用,和为贵",用礼的根本目的,是让社会更和谐,让行为更文明,让每个人都生活得更有尊严和品位。值得注意的是,不能为了行礼而机械化地"克己复礼"。比如近一段时期流行的仿古礼、跪拜礼等,有些是与现代文明相违背的,对此我们就不该一味地抱残守缺、敝帚自珍,在继承的同时,更要懂得与时俱进、开拓创新。另外,我们还需警惕物质化、世俗化挤压礼仪空间。在日常生活中，我们常常发现，一些活动仪式完全被物质化、世俗化了，成为一些人摆阔斗富、炫耀权势的场所。在诸如结婚、祝寿、孩子升学等方面，礼仪不再是一种庆祝和纪念，而是比谁的车队档次高，谁的宴席排场大，谁的宾客来头大，铺张浪费，攀比成风。一些企业诸如美容行业或餐饮行业，常常定期或不定期地把员工组织到嘈杂的街头，举行队列训练或喊口号，表面上进行的是礼仪教育，神圣感、庄严感却无从谈起。过分的职业化，使这种礼仪骨子里缺少了真诚与体贴。礼仪的真正内涵并不是表面的一个形象，抑或是一个简单的礼节。礼仪是舒心的、愉悦的、温暖的，礼仪的最高境界永远源于内心深厚的修养，源于内心对他人的尊重。

延伸阅读

从细节看一个女人

那天路过国贸——重庆路上最繁华的地段，一个乞丐跪地乞讨。这是个老人，没有下肢，一寸寸地爬行。路人皆侧目，无表情。逢乞必施的我顺手掏出一块钱，扔给了那乞丐，动作娴熟。

没走几步，见对面也走来一个女人。女人衣衫华贵，妆容精致。她从国贸刚买完东西出来，手里大包小包。走到乞丐面前时，她停下了脚步，想掏钱，却腾不出手来。

乞丐"善解人意"地趴在地上摆了摆手，示意女人离开。女人却突然蹲下了身体，我以为她是想近距离地训斥乞丐几句，却见她用腾不开的手和眼神示意乞丐自己动手去掏她的腰包!

乞丐的手,脏到不能再脏了,黑得像刚刚捡完煤渣。可那个女人就那样蹲在乞丐的面前,任由那脏手去掏她贴身的腰包!乞丐掏了,是一张10元的钞票。女人站起身,急匆匆地离去。

我怔住了!彼时,我扔钱的动作使我显得很高贵,但眼前的场景,却令我惊讶。

不是施舍的钱多钱少的问题,是我看见了我灵魂深处的某种傲慢,某种偏见,某种如乞丐般的卑微。我以为我这弧度优美的一扔,是我的施舍,是我的恩赐,是强势群体对弱势群体的怜悯。而事实上,我的浅薄和狭隘是多么不堪一击!

女人那一蹲,蹲出了她的高贵。这样的女人,可爱之外,还有可敬。

资料来源:心林细语:《从细节看一个女人》,搜狐网,2011年11月9日,http://www.sohu.com/a/274411905_669721,有删改。

· 第03课 ·

礼仪的原则

——为人处世的基本准则

礼仪是在人际交往中,以一定的、约定俗成的程序、方式来表现的律己、敬人的过程。在社交活动中,具体的礼仪规范比较庞杂和琐碎,一般人很难把各种各样的规范都掌握得清清楚楚。任何事物都有一些共同的规律可遵循,礼仪也不例外。在社交场合,有必要在宏观上掌握一些普遍性、共同性、指导性的礼仪原则。

尊敬。早在《礼记·曲礼上》中,中国古代的贤哲就对礼仪中所包含的尊重精神做了精辟的阐发:"夫礼者,自卑而尊人。虽负贩者,必有尊也,而况富贵乎？富贵而知好礼,则不骄不淫;贫贱而知好礼,则志不慑。"英国哲学家弗西斯·培根说过:"行为举止是心灵的外衣。"礼仪应该是行为与心灵(情感)的复合体,两者水乳交融,密不可分,只有行为而缺乏情感或行为与情感相互乖违的所谓"礼仪"只能是虚伪的礼仪。礼仪的本质是"敬",是"和"。真诚地尊重他人,以尊敬的态度、诚挚的情感与他人交际,是礼仪的根本,也是礼仪发挥"和"的作用的前提和基础。

延伸阅读

尊重对手

　　2018年7月15日晚,俄罗斯世界杯决赛在莫斯科上演。最终,法国队4比2战胜克罗地亚队赢得了冠军。赛后,法国球员们非常激动。包括拉米、吉鲁在内的球员从球迷手中接过了法国国旗,在球场中举着国旗奔跑。但他们无意间跑过了半场,之后才发现他们原来正向克罗地亚球迷跑去。克罗地亚球迷开始发出嘘声,拉米抬头看了看,意识到他所处的位置不对,随即停下了脚步。他把旗帜放下,举起手示意道歉。乌姆蒂蒂、马图伊迪还有吉鲁同样这样做了,有几个球员往他们自己的半场跑了回去,但拉米和吉鲁向克罗地亚球迷跑去,对他们鼓掌,并且鞠躬表示歉意。在颁奖典礼之前,还出现了一个相当温情的画面。在克罗地亚队准备领取银牌时,冠军法国队全体列成两队,用列队的方式向亚军表示致敬。颁奖仪式结束后,到场观看决赛的法国总统马克龙不仅恭喜了自己的球员,也来到了克罗地亚球员的更衣室祝贺且安慰了他们。克罗地亚核心球员莫德里奇的一双儿女伊万诺和艾玛在更衣室中陪伴着父亲,马克龙也捧了捧艾玛的脸表示安慰。

　　资料来源:虎扑体育:《尊重!法国球员赛后庆祝不慎来到对手球迷区,随后鞠躬致歉》,东方体育网,http://sports.eastday.com/a/180716024643735000000.html,有删改。

自律。礼仪规范由对待个人的要求与对待他人的做法两大部分构成。对待个人的要求即自律,是礼仪的基础和出发点。学习、应用礼仪,最重要的就是自我要求、自我约束、自我控制、自我对照、自我反省、自我检点。自律的最高层次是慎独。《礼记·中庸》中说:"君子戒慎乎其所不睹,恐惧乎其所不闻。莫见乎隐,莫显乎微,故君子慎其独也。"意思是说,最隐蔽的东西最能体现一个人的品质,最微小的东西最能看出一个人的灵魂,有道德的人在独处时,也不会做任何不道德的事。

诚信。诚实守信是中华民族的传统美德,2000多年前,孔子就主张"言必信,行必果"。《资治通鉴·卷二》载:"卫鞅欲变法,秦人不悦……令既具未布,恐民之不信,乃立三丈之木于国都市南门,募民有能徙置北门者予十金。民怪之,莫敢徙。"复曰:"能徙者予五十金!"有一人徙之,辄予五十金。这就是尽人皆知的"城门立信"的故事。清代红顶商人胡雪岩,把"戒欺"作为胡庆余堂药店的座右铭,成就了杭州历史上的一段佳话。

延伸阅读

诚信——企业立足之本

世界知名的多米诺皮公司在经营活动中,始终如一地保证30分钟之内,将客户所订的货物送到任何指定地点。这是他们在众多的竞争对手中得以站住脚的关键。

有一次,长途汽车运输货物时出现故障,而车中所运的货物正是一家商店急需的生面团。公司总裁唐·弗尔塞克得知这一情况后,当即决定包一架飞机,把生面团及时送到那个供应将要中断的商店。"几百公斤生面团,值得包一架飞机吗?"当时有人不理解,提出疑问。弗尔塞克总裁回答说:"我们宁可赔偿高额的运输费,也不可中断商店的供货,飞机为我们送去的不仅是几百斤生面团,而是多米诺皮公司的信誉。"

让人遗憾的是,该公司所属的一个商店还是发生了一次中止供货事件。虽然只暂停营业一天,然而弗尔塞克的助手杰夫·史密斯却把这事看得很重。他立即跑到街上买回1000多块悼念死者时才佩戴的黑袖纱,命令全体员工佩戴了好长一段时间。这件事绝不是小题大做,这次"戴孝"事件给整个多米诺皮公司的员工留下了极为深刻、永久难忘的印象。从此,他们对待任何工作总是一丝不苟,任何时候,都处于一种严阵以待的状态。

资料来源:张建宏:《现代实用礼仪教程》(第2版),河南大学出版社2018年版。

真诚。《庄子·杂篇·渔父》中说:"真者,精诚之至也。不精不诚,不能动人。"不能把礼仪作为一种道具和伪装,任何缺乏诚意的表达形式,实际上都是对他人和自己的愚弄和不尊重。真诚无欺、表里如一的交往,会让人际关系更简单,让交往中少一些猜忌和欺诈,少一些功利。社交活动的高效和运转顺畅,有赖于人的真诚品格。

平等。在礼仪的核心点,即尊重交往对象、以礼相待这一点上,对任何交往对象都必须一视同仁,给予同等程度的礼遇。不允许因为交往对象彼此之间在年龄、性别、种族、文化、职业、身份、地位、财富,以及与自己的关系亲疏等方面有所不同,厚此薄彼,区别对待,给予不同待遇。但允许根据不同的交往对象，采取不同的具体方法。

宽容。明朝朱衮在《微观子》中说："君子忍人所不能忍，容人所不能容，处人所不能处。"以宽容的态度待人处事，不仅能潜移默化地影响对方，还能化敌人为贵人，助自己一臂之力。在社交场合，对与你交往的人要宽容。斤斤计较、咄咄逼人的人，或许能够在社交活动中抢占有利地势，不过永远无法获得他人由衷的尊重。

自信。古往今来的成功人士都具有一个共同的特点，即自信，如李白坚信"天生我材必有用"。在社交场合，一个有充分自信心的人，才能在交往中表现得不卑不亢、落落大方。需要注意的是，自信但不能自负，自以为了不起、过于自信的人，往往就会走向自信的极端，变成自负凡事自以为是，不尊重他人，甚至强人所难。

适度。适度的原则，是要求使用礼仪一定要具体情况具体分析，因人、因事、因时、因地恰当处理。应用礼仪时特别要注意做到把握分寸，认真得体，不卑不亢，热情大方，有理、有利、有节，避免过犹不及。分寸感是礼仪实践的最高技巧，运用礼仪时，假如做得过了头，或者做得不到位，都不能正确地表达自己的自律、敬人之意。因此一定要做到和谐、适度。

延伸阅读

礼多为何被人怪

如果你问外国观光客对中国人的印象，最常听到的就是中国人很有人情味，待客非常热忱。

那当然了！中国人本来就好客，何况有朋自远方来。他可能对你树上的果子好奇，站在树下多看几眼，你就过去摘两个送给他。他可能问你王府井大街怎么走，而你英语不好，指手画脚半天说不清楚，就干脆带他走好几条街，硬带到王府井。他可能站在你门外往里张望，你不仅请他进去参观，还倒茶拿点心给他吃。

您说，如果您是外国观光客，能不受宠若惊吗？但是，您也要知道，受宠若惊如果过度，就可能真受惊，被吓跑了。不信我说个真事儿给您听：

早年我到美国的时候，常应邀去各城市开画展，有一次我到佛罗里达州的一个小城，那里的官员很热情地接待，原来他们跟中国台湾地区的某一个城市不久前结为了"姊妹市"。

我在小城停留了一个多星期，跟市政府接待的人熟了，也就无话不谈。有一天，他们对我说："说实话，我们对结'姊妹市'这件事，很头疼。"

我一惊，问："为什么？是台湾地区的那个城市不够朋友吗？"

他苦笑了一下，说："正相反，他们对我们太好了！我们市长去访问的时候，他们用礼车、乐队迎宾，还有摩托车队开道，吃的更不用说了，一看就知道贵得要死。当他们说今年秋天要来回访时，我们真是发愁，这么小的一个旅游城市，拿不出那样的排场啊！"

资料来源：刘墉：《世说心语——刘墉处世秘笈》，接力出版社2008年版，有删改。

互动。《礼记·曲礼上》上载："来而不往非礼也，往而不来亦非礼也。"人际交往永远是双向选择。双向互动的,你来我往,交往才能长久。同时,在交往的过程中,交往双方应互相关心、互相爱护、互相帮助。"人"字的结构是相互支撑。国际志愿者协会提出过一句口号:"帮助他人即是帮助自己。"我们在给予帮助的同时,其实也收获了一份付出的快乐,人与人之间互助互爱,社会生活会更加和谐,人际交往也会更加畅达。

· 第04课 ·

形象礼仪

——云想衣裳花想容

形象包括仪容、仪表、仪态、举止,以及通过这些外在状态表现出来的个人气质、修养和风度。国外有专家指出,形象是当今社会的核心概念之一,人们对形象的依赖已经成为一种生存状态。形象会影响一个人的资源获取能力,而资源量绝对影响一个人的成长。作为一个社会人,个人的仪表、仪态、举止不只代表个人形象,同时也是团体、社会、国家形象的组成部分。作为一个现代文明人,必须充分了解个人礼仪形象的重要意义,掌握个人礼仪修饰原则,提高个人礼仪修养。

延伸阅读

变美的途径

变美的途径,说来说去也不外乎以下几种。

身材管理。不能掌控身材,何以掌控人生?90斤和150斤的姑娘,面对的世界可能是截然不同的。管住嘴,迈开腿,是成为"美人"的基本素养。

护肤美容。一白遮百丑，说的就是好皮肤的魅力。肤如凝脂、手若柔荑，这短短数字，已然是倾城之姿。

衣品提升。对女人来说，穿衣是一门学问，它在蔽体之外，还能恰到好处地扬长避短，衬托你独一无二的美丽。一件得体的衣裳，有时也不啻于你的战袍盔甲，带来力量，也饱含呵护。

学会微笑。飞扬跋扈的漂亮姑娘和热情大度的普通女孩，乍一看是前者受欢迎，但时间久了，其内在的人格魅力会促使人们做出第二次选择。有时候一个笑容，便可让你增添花容月貌，因为我们的眼睛，会受到心情的蛊惑。愿你腹有诗书，也面如春花。愿你才高八斗，也倾国倾城。

资料来源：婉兮：《别让你的身材，出卖了你的修养》，搜狐网，2017年3月8日，http://www.sohu.com/a/128174033_492783，有删改。

《礼记·冠义》认为，"凡人之所以为人者，礼义也。礼义之始，在于正容体，齐颜色，顺辞令"，而"冠者，礼之始也"，"故冠而后服备，服备而后容体正，颜色齐，辞令顺"。这里表达了从穿衣戴帽到仪态言辞的习礼、践礼逻辑顺序。可见，衣是礼仪的首要方面。美国三位总统的礼仪顾问威廉·索尔比这样说过：当你走进一个房间，即使房间里没人认识你，或者只是跟你有一面之缘，他们却可以从你的外表对你做出以下10个方面的推断：经济水平、受教育程度、可信任程度、社会地位、个人品行、成熟度、家族经济地位、家族社会地位、家庭教养情况、是否为成功人士。

宋代大儒朱熹在《训学斋规》中提到：男子有三紧，谓头紧、腰紧、脚紧。所谓"三紧"，就是帽带要紧、腰带要紧、鞋带要紧。三者都扎紧了,人的精神状态才会显得振作,才能表现出对人、对事的郑重。现代服饰虽然不同于古代,但穿衣得体、整洁、庄重、大方的要求,却无二致。我国古代的许多家训中,常有清洁卫生的训辞。如清初朱用纯所著的《朱子家训》强调孩子从小就要养成"黎明即起,洒扫庭除,要内外整洁"的习惯。整齐干净是服饰打扮的首要原则,着装整洁可以给人纯净、美好、信任、安全、舒适等审美享受,可以给被欣赏者带来很多关于人品和形象上的正面评价。服饰不能沾有污渍,不能有绽线的地方,更不能有破洞,扣子等配件应齐全,衣领和袖口处,尤其要注意整洁。选择服装时,首先要与自身体型相协调。服饰能遮盖体型的某些不足,借助于服饰,能创造出一种身材美妙的错觉。此外,服饰还要与年龄、肤色、职业相配,与季节相协调,与社会相和谐。服饰的美是款式美、质料美和色彩美三者完美统一的体现,形、质、色三者相互衬托、相互依存,构成了服饰美统一的整体。在生活中,色彩美是最先引人注目的。单一的色彩无所谓美、丑。只有两种色彩组合在一起的时候,才会显现好与不好效果。所以,服饰的色彩搭配很重要。20世纪初,瑞士画家约翰·伊顿从他的学生的衣着上发现每个人都有适合自己的颜色和不适合自己肤色的颜色。此后,许多专家和服装设计师开始研究色彩搭配方法,并定型了"季节调色板"理论。一般认为,春天型人最好不要穿银色、灰青色、紫色和葡萄酒色等深而不鲜明的颜色的衣服;夏天型人绝不适合穿纯白色和黑色的衣服;秋天型人要避免穿带有蓝色调的冷色、葡萄酒色、紫色、灰色,以及像丝绸那样很有光泽的衣服;冬天型的人绝对不能穿浊色和黄色调较浓的金色衣服。经典很重要,时髦也很重要,但切不能忘记的是一点独具匠心的别致。由于年龄、性格、职业、文化素养等不同,每个人自然就会有不同的气质。服饰选择既要符合个人气质,也要通过服饰表现个性气质,让服装尽显自己的个性风采。

看《穿普拉达的女王》，学服饰礼仪

安迪是一个大大咧咧的女孩，在着装方面也如同她的性格。在到 RUNWAY 杂志社面试的第一天，安迪的着装和整个杂志社的氛围是格格不入的。RUNWAY 是一家顶尖的时尚杂志社，就是教人如何穿衣打扮的，在里面工作的员工都穿得非常时尚和精致。在这里，安迪的角色定位就是一个时尚职场的编辑助理，她的着装也应该要符合环境和角色的需要。去一家时尚杂志社工作，且工作性质属于前台，面试人最重要的就是要精心修饰自己的外表和着装，最好是穿精致的女装，化淡淡的妆，头发干净、整洁，使之符合对方的文化。但是在面试的时候，让我们看看安迪穿的是什么样的衣服：灰色老款的长风衣，宽松的硬材质的卡其色小外套，内搭假两件式的蓝色针织衫，一条黑色的普通长裤，一双黑色圆头平跟鞋，加上凌乱的长发，还有一个笨重的暗红色的手提包。整个就是一副土里土气的学生气质的打扮。

尽管安迪顺利进入了 RUNWAY 工作，但是上班的第一天，她还是没能领会工作，尤其是在时尚行业工作时应该怎么穿。宽松厚重的蓝色毛衣、灰色的呢子中膝裙、看起来很厚实的黑色连裤袜，以及一双黑色的平跟皮鞋。女性上班时的着装应该以精致的套装或者衬衫裙子的搭配为主，鞋子中高跟为好，不一定要很贵，但是一定要精致整洁。安迪的这身打扮，不像是来工作的，完全像是在休闲，怪不得她的上司米兰达用探询的目光上下打量了她好久，安迪最后也意识到了不对劲儿，连忙换上了她曾经非常抗拒的高跟鞋。

上班了很长一段时间，安迪都很难融入RUNWAY的服装风格，保留着她一贯的学生休闲味道，直到有一次在杂志社对于模特造型的选拔会上，安迪表示出了对于服装配色的不屑，当时米兰达对她有这样的一番评价："你觉得这和你无关？你去自己的衣橱挑选衣服，比如你那件松垮的蓝色毛衣，试着告诉世人你的人生重要到你无法关心自己的穿着。但你要知道，那件衣服不是绿色，也不是青色，而是天蓝色，你还轻率地忽视了很多事情。滑稽的是，你以为是你选择了这个颜色，让自己远离时尚界，事实却是，这屋子里的人帮你从一堆衣服里选了这件毛衣。"她觉得很委屈，与奈吉尔的一段谈话之后才开始转变自己对待这份工作的态度。为了生存饭碗及尊严，安迪发誓要在最短的时间内实现"华丽变身"。电影以蒙太奇的处理方法让她穿着各式各样的世界名牌在街头迅速"换装"，漂亮合身的羊毛大衣、质地精良的针织裙，还懂得用精致的首饰为自己的装扮加分。无论是在大街上打包奶茶或在电梯间接电话或在计算机前疯狂敲字，都越发成熟妖媚而且时尚，最令女性同事抓狂的是，大小装备不乏Armani、Dior、Gucci、Prada、Fendi、Chanel、D & G……令人眼花缭乱，叹为观止。当然，我们在办公室的着装不一定要买昂贵的品牌，但是有一点一定要注意，必须要符合企业的文化氛围和办公室的着装规范。

资料来源：杜瑾：《谈电影〈穿普拉达的女王〉中的服饰礼仪》，中国市场2015年第7期，有删改。

我国现存最早的文字——甲骨文中有"沐"字,《说文》有解:"沐,濯发也,洗面也。"这大概就是古代清洁美容的最早记载。早在殷商时代,就有"燕支"(胭脂)记载,即用燕地红蓝花叶捣烂取汁,凝作脂用于饰面。《礼记》记载那时的女子"以丹注面",就是用红颜色涂在脸上当胭脂。在当今社会中,女性化妆是一个基本的礼貌。进行化妆时,应认真遵守以下礼仪规范:(1)注意面部的清洁卫生。这是面部美容的关键,是化妆礼仪的基本要求。不管长相多好,若满脸污垢,那必然破坏一个人的美感。(2)化妆的浓淡要视场合而定。不同场合化不同的妆容,是得体形象的定位与诠释。职场女性在工作岗位上应当化淡妆,目的在于不过分地突出职场女性的性别特征。如果一个职场女性在工作场合妆化得过于浓艳,往往会给人过分招摇和粗俗的感觉。(3)不要当众化妆。在工作岗位上,当众化妆是很不庄重的,并且还会让人觉得她们对待工作不认真。女士要化妆或补妆,最好去专门的化妆间或去卫生间。特别需要提到一点,职场女士们更不要当着一般的异性的面,为自己化妆或补妆。(4)不要使化妆妨碍于人。有的女士喜欢使用大量浓香型的香水和香粉,把自己搞得香气四溢,令人窒息。这种"过量"的化妆,就是对他人的妨碍。(5)不要使妆面出现残缺。化妆要有始有终,努力维护妆面的完整性。要是妆面深浅不一、残缺不堪,必然会给他人留下十分不好的印象。用餐之后、饮水之后、休息之后、出汗之后、沐浴之后,一定要及时地为自己补妆。(6)不要借用他人的化妆品。借用他人化妆品不卫生,故应避免。(7)不要与他人探讨化妆问题。每个人的审美观未必一样,所以不值得在这方面替别人忧心忡忡,更不要评价、议论他人化妆的得失。

《礼记》中说:"不敢哕噫、嚏咳、欠伸、跛倚、睇视;不敢唾洟;寒不敢袭;痒不敢搔;不有敬事,不敢袒裼;不涉不撅;亵衣衾不见里。"这些规定既适用于与父母、尊长共用的场所,也适用于工作场所。在严肃、正规的场合,打饱嗝、打哈欠、伸懒腰、吐唾沫、擤鼻涕、歪坐、斜视、跷二郎腿,或者只穿睡衣、内衣,甚至赤膊,都显得随便、懒散,缺乏敬意。《礼记》中说:"立必正方,常视毋诳。"在正式场合,无论是坐还是站,都要端正;视线要有一定的方向。歪坐、斜站,眼睛到处乱看,都是怠惰不敬的表现。目光是心态最直接的流露,能反映出内心对人是否敬重。因此,在礼仪场合要注意自己视线的高度。视线过高,是傲慢之相。视线过低,则似有忧虑在心,不免令对方猜测。如果左右旁视,更会给人留下心术不正、狡诈善变的印象。平时或在私下场合,态度可以比较放松,但一旦进入正规场合或工作单位,就必须显得严肃、庄重。这种心态,在走路的姿势、步伐,甚至面部的表情上,都会有所体现。

·第05课·

饮食礼仪

——民以食为天,食以"礼"为先

孙中山先生在其《建国方略》一书中说:"我国近代文明,事事皆落人之后,唯饮食一道之进步,至今尚为文明各国所不及。"中国饮食文化源远流长、博大精深,据文献记载,至少在周代,饮食礼仪已经形成了一套相当完善的制度。《礼记·礼运》指出:"夫礼之初,始诸饮食。"大概人类的礼仪最初就是从饮食上的规矩演变而来的。《礼记·内则》又指出,"子能食食,教以右手","男女未冠笄者……昧爽而朝,问何食饮矣,若已食则退,若未食,则佐长者视具"。这些说的都是饮食的规矩,主张尊重长者、合乎时序、节制律己等,这都有助于个人良好生活习惯和健康生活方式的养成,有助于促进整个社会的和谐有序。美国华盛顿国家餐饮协会主席说过这样一句话:在餐桌上的表现可以推测出在董事长面前的表现。在日本,有企业在面试求职者时,居然是根据吃相选人。可见,餐桌上的举止是对一个人的礼仪和修养的考验。还有人指出,各地区人民的吃相,能代表当地人的总体素养和文明教育形象。

延伸阅读

饭局修养

　　某企业老板请客人吃饭，叫两个新来公司的大学生陪同。客人是南方人，口味比较清淡，所以点的菜都比较符合客人的口味。但新来的大学生都是四川人，喜欢吃辣的，于是就不断地抱怨没有他们喜欢吃的菜。老板心中虽然不高兴，但也不好发作，就又点了两道辣一点的菜。结果这两道菜上来以后，被这两个大学生"霸"在自己面前，自顾自地边聊边吃，旁若无人。吃罢，还赞叹道："就这两个菜还不错。"回公司后，老板没做任何解释，就将这两个大学生解雇了。

　　某大型企业欲招聘一名后勤部长。笔试、面试之后，确定下来十个人进行最后的筛选。这十个人同时被请到公司，主考官随便与大家闲聊了一会，就请大家一起吃饭。吃完饭后主考官宣布面试结束，后勤部长的人选已经确定下来了。谁也没有想到最后一场考试居然是吃饭，而且是吃自助餐，等大家明白过来时，后勤部长的人选已经确定下来了。就是那个吃多少取多少，连最后一点汤汁都倒到粥里喝掉的那个。

　　学霸小明去应聘某世界500强企业，因成绩及各项表现突出，顺利受邀参加公司高管在座的面试饭局。席间，他自觉言行举止相当得体，可是，应聘成功的却不是他。小明愤怒异常，觉得背后一定有黑幕。最后，招聘部门告诉小明，他确实能力超群，被高管筛掉的原因是，在那个算是面试最终环节的饭局上，他从来没有对任何一名服务员表示过感谢。

"英雄排座次",可以说是整个中国食礼中最重要的一项。《红楼梦》里有一段话描述了贾府中秋赏月的宴饮活动:"凡桌椅皆是圆的,特取团圆之意。上面居中,贾母坐下。左边是贾赦、贾珍、贾琏、贾蓉,右边是贾政、宝玉、贾环、贾兰,团圆围住。"宴会在圆桌上进行,座次是"尊卑有序""长幼有序"。贾母是"老祖宗",在上面居中坐下。贾赦是大房,所以居左;贾政是二房,所以居右。从古到今,因为桌具的演进,座位的排法也相应有所变化。但总体来讲,座次"尚左尊东""面朝大门为尊"。家宴首席为辈分最高的长者,末席为最低者;家庭宴请,首席为地位最尊的客人,主人则居末席。首席未落座,都不能落座,首席未动手,都不能动手。

中国人使用筷子用餐是从远古流传下来的,古时又称其为"箸",日常生活当中对筷子的运用是非常有讲究的。一般我们在使用筷子时,正确的使用方法讲究的是用右手执筷,大拇指和食指捏住筷子的上端,另外三个手指自然弯曲扶住筷子,并且筷子的两端一定要对齐。在使用过程当中:用餐前,筷子一定要整齐地码放在饭碗的右侧;用餐时,忌讳用筷子敲击碗盘,发出声响,这种行为被看作是乞丐要饭;用餐后,筷子一定要整齐地竖纵向码放在饭碗的正中。不要把一副筷子插入饭中,这被视同于给死人上香。

在餐桌上不能只顾自己,也要关心别人,尤其要招呼两侧的宾客。为了表示对客人的尊敬,同时也是为了活跃气氛,当每一道菜端上桌时,主人可简单地介绍一下这道菜的色、香、味等特色,并热情地招呼客人动筷、品尝。当餐桌上的客人有主次、长幼之分时,每一道菜上来,主人应先请主要客人或者长者品尝。夹菜时，要等菜转到自己面前时再动筷，不可抢在邻座前面。夹菜一次不可以夹太多，不可以将菜放回。遇上他人夹菜要避让，谨防筷子打架。如欲取用摆在同桌其他客人面前的调味品，应请邻座客人帮忙传递，不可伸手横越，长驱取物。

古人讲究"食不言，寝不语"。但现在一起吃饭成了沟通与交流的重要手段，吃饭时不说话是不可能的。光低着头吃饭或玩手机，反倒是非常失礼的。餐桌也是展示一个人才华的地方，有时一句诙谐幽默的语言，会给人留下很深的印象，使人在无形中对你产生好感。但千万不要满嘴饭菜就张口说话，以免嘴里食物喷洒到饭桌上，甚至别人的脸上。一起吃饭的人较多时，应尽量多谈论一些大部分人都能够参与的话题，避免唯我独尊，天南海北，神侃无边。特别是尽量不要与人贴耳小声私语，给别人一种神秘感，让人产生"就你俩好"的嫉妒心理。说话时，不要把筷子当作道具，在餐桌乱舞，也不要用筷子指点他人。

有的人吃饭时喜欢用劲咀嚼食物，特别是使劲咀嚼脆食物，发出很清晰的声音来，这种做法是不合礼仪要求的。喝汤的姿势是用左手扶着盘沿，右手用汤匙舀，一小口一小口地喝，不可端碗喝汤。如果汤太烫，应待其自然降温后再喝，不要一边吹一边喝。有的人喝汤时，用嘴使劲吹，弄出"嗦喽嗦喽"的声音来，这是失礼的。进餐时不要打嗝，也不要出现其他声音，如果出现打喷嚏等不由自主的声响时，就要说一声"真不好意思""对不起""请原谅"之类的话，以示歉意。嘴内的鱼刺、骨头不可直接外吐，也不要往地上扔，要慢慢用手拿到自己的碟子里。切忌用手指掏牙，应用牙签，并以手遮掩。

随着生活方式的更新和社会交往的活跃，我国吃西餐的人越来越多。西餐十分注重礼仪，讲究规矩。其中，最容易出问题的细节有：应从椅子的右侧入座。取食的顺序一般是冷菜、汤、热菜、甜点、水果、冰激凌;取食时不要谈话,以免污染食物。离座取食时,可将餐巾放到椅座上;用餐完毕,将餐巾放到盘子的左手边。暂停用餐时,可将刀叉相对着斜放在盘子的左右两边,服务员就不会撤走盘子;吃完一盘后,应将刀叉平行竖放在盘中,服务员会主动收去。

"水酒于杯叙衷情",在各种聚会中,酒常作为联络感情、增进友谊的媒介。自古以来,中国就讲究"酒德",《尚书·酒诰》中载:"饮惟祀,无彝酒,执群饮,禁沉湎。"明代的袁宏道,看到酒徒在饮酒时不遵守酒礼,深感长辈有责任,于是从古代的书籍中采集了大量的资料,专门写了一篇《觞政》。

在正式的酒宴上,要主动将饮酒限制在自己平日酒量的一半以下。在酒桌上往往会遇到劝酒的现象,应做到劝酒适度,切莫强求。过分地劝酒,会将原有的朋友感情完全破坏。酒桌上酒力不济,一开始就应诚恳说明,以便为接下来少喝酒做铺垫。少喝酒可参考的理由有:开车,准备要小孩(适用于已婚、无小孩者),正在吃药中,酒精过敏,太太和孩子讨厌自己喝醉酒,医生下了禁酒令,等等。

敬酒时,要注意是在对方方便时,比如对方当时嘴里没有食物。一般情况下,敬酒应以年龄大小、职位高低、宾主身份为序。如果不清楚职位,身份高低不明确,可从主宾敬起,按顺时针敬上一圈。敬酒时,出于敬重,或者对方的身份比自己高,自己的酒杯应略低于对方酒杯。不应只对能帮你忙的人毕恭毕敬,也要先给尊者、长者敬酒。与不熟悉的人在一起喝酒,要先打听一下对方身份或是留意别人如何称呼,以免在敬酒时出现尴尬。挡酒时,要有一个说词,不能随便驳了对方面子。学会运用一些诙谐而幽默的挡酒词,比如:万水千山总是情,少喝一杯行不行?来时夫人有交代,少喝酒来多吃菜。危难之处显身手,兄弟替哥喝杯酒。酒逢知己千杯少,能喝多少喝多少。酒量不高怕丢丑,自我约束不喝酒。……

延伸阅读

丑陋的中国酒文化

从事外贸工作久了,总是隔三岔五地被人问:中国人为什么那么喜欢"干杯"? 我总是答不上来。有同事解释说:因为中国人热情好客。我不知道同事这样回答的时候有没有心虚,我心里对这个答案是很质疑的。逼人把酒杯端起来喝完是热情好客吗? 不喝就翻脸是热情好客吗? 划拳划得脸红脖子粗是热情好客吗? 这种畸形的酒桌文化,把中国人的劣根性暴露无遗。

强权思想:敬酒不成便罚酒,骨子里老想着去统治别人。有这种心态的人,常常认为媳妇儿必须得听丈夫的,儿子必须得听老子的。在酒桌上表现为敬了酒你就得喝。他们喜欢把自己的意志强加到别人头上,一旦遭到拒绝,就感觉自己的权威受到了挑战,于是敬酒便成了劝酒,甚至演变成逼酒。

看客心态,看戏不怕台高。当酒桌上有人醉酒,当事人可能意识不清楚,但同桌的宾客却一定看得出,此时如果有人上前阻止事态继续恶化,或许能避免很多悲剧的发生。但是,往往是看热闹的多,仗义执言的少,甚至很多人爱拿朋友醉酒失态的行为取乐。

从众心态,无拒绝能力。每个人的身体对酒精的接受程度都不一样,有些人千杯不倒,有些人一沾就醉。但在大众场合,只要大家举杯,一定是所有人硬着头皮一起上,集体行为成了个人行为的引导标准,很多人都害怕自己一旦不服从,就成了被集体抛弃的对象。

侥幸心理,出事的未必是我。在中国人心中,总认为命运会对自己网开一面。闯红灯的人那么多,被撞的未必就是我;动物园那么多人逃票,被抓的未必就是我;熬夜的人那么多,未必下一个垮掉的就是我。因此,即使喝酒醉死的新闻层出不穷,正在喝酒的人也会认为自己会是个例外。

资料来源:二次元猫小姐:《往死里喝,是最丑陋的中国酒桌文化》,搜狐网,2018年2月7日,http://www.sohu.com/a/221525727_661839。

无论是到餐厅吃饭,还是到他人家里吃饭,都不宜出现"剩饭"现象。《朱子治家格言》有云:"一粥一饭,当思来之不易;半丝半缕,恒念物力维艰。"劝喻人们不要浪费。现在提倡的"光盘行动",也是反对浪费的。

· 第06课 ·

家庭礼仪

——家和万事兴,百善孝为先

　　家庭是我们休憩的港湾,也是人生中最重要的灵魂家园。礼仪社会中,最基础的礼仪就是家庭礼仪,家庭礼仪在现代社会生活中发挥着重要的作用。简单地说,家庭礼仪是维持家庭生存和实现家庭幸福的基础,家庭礼仪能调节家庭成员之间的关系,使之变得和谐。家庭礼仪也有助于社会的安定、国家的发展。2015年春节前夕,习近平总书记提出:"不论时代发生多大变化,不论生活格局发生多大变化,我们都要重视家庭建设,注重家庭、注重家教、注重家风。"中华民族自古以来就重视家庭、重视亲情。这三个"注重",是中国人千百年来遵行的优良传统,也是维系中华精神的一块文化基石。

　　《中庸》说:"仁者人也,亲亲为大。"仁就是爱人,首先就是爱自己的亲人,处理好家庭关系。家庭关系主要包括父子关系、夫妇关系、兄弟关系。因此,儒家提出相应的礼仪就是父慈子孝、夫义妇顺、兄友弟恭。家是小小国,国是放大的家。爱家自然会延伸至爱国,这有助于弘扬爱国主义的理念。"相敬如宾、白头偕老"阐明的就是夫妻间也要有礼节才能幸福一辈子的道理。"父子和而家不败,兄弟和而家不分,乡党和而争讼息,夫妇和而家道兴",可见"和"是关键。这个"和"用今天的话来解释,也就是相互谦恭有礼的意思。

延伸阅读

孟子休妻

孟子妻独居,踞。孟子入户视之,白其母曰:"妇无礼,请去之。"母曰:"何也?"曰:"踞。"其母曰:"何知之?"孟子曰:"我亲见之。"母曰:"乃汝无礼也,非妇无礼。《礼》不云乎?'将入门,问孰存。将上堂,声必扬。将入户,视必下。'不掩人不备也。今汝往燕私之处,入户不有声,令人踞而视之,是汝之无礼也,非妇无礼也。"于是孟子自责,不敢出妇。

资料来源:《韩诗外传》

在中国,孝的观念有非常悠久的历史,早在甲骨文中就出现了"孝"字,而且本意与现代流传的意思基本相同。《诗经》中有"哀哀父母,生我劬劳""哀哀父母,生我劳瘁"的咏叹,充分表达了对父母养育之恩的感激之情,以及对父母的孝义。我们有选择的权利,但我们却不能选择自己的父母。相反,是父母用爱选择了我们。无论如何,请记得感激父母,感恩亲情。可是,因为父母的爱太无私、太常见,就如空气一样无时无刻不萦绕在我们身边,所以我们常常忽略了它,且常把坏脾气留给他们。

常常有人认为孝就是赡养,只要让父母吃饱穿暖,衣食无忧就是尽了孝道。这种看法并不正确。孔子早就敏锐地指出:"今之孝者,是谓能养。至于犬马,皆能有养;不敬,何以别乎。"如果对父母只有生活上的供养,却没有应有的敬意,那么和养动物又有什么区别呢?曾子认为，孝分为三个层次，生活上照顾父母仅是最低的层次，较高层次的孝应该是不要因为自己的错误而使父母蒙羞，而对父母能够一生保持尊敬之心则是孝道的最高境界。

孝敬父母，就应该听从长辈的正确教诲，不应随便顶撞，有不同想法可以和父母沟通商量，应讲道理。人非圣贤，孰能无过？如果父母有过错，做子女的应该和颜悦色地指出来，请他们考虑自己的意见。在父母生病或有困难时，应尽力去关心照顾父母、协助父母；刻苦学习，努力求知，让父母少为自己的学习担忧；离家外出时应及时向父母汇报，自己照顾好自己，注意安全。子女参加工作或成家立业后，为了表达对父母的养育之恩，要在适当时机向父母赠送礼物，如节庆假日、父母患病时、到外地出差时、参观展销会时等。送礼要适合父母的意愿爱好，要讲究实用性，具有永久纪念意义的更好。礼物关键在于让父母满意，而不在于价格是否昂贵。重点是表达子女孝敬父母的心意，使父母感到欣慰。

延伸阅读

生命中最重要的人

在选修课的课堂上，老师在黑板上写下了几个字："你生命中最重要的五个人。"问题一提出，刚刚还嘈杂的课堂，顿时安静了下来。"请同学们拿出一张白纸和一支笔，将其余的课本收到抽屉里，相互之间不要左顾右盼，立即在纸上写上自己最重要的五个人的名字，并给你们两分钟的时间，来排列一下他们对你的重要性。"

"天有不测风云，人有旦夕祸福。我们现在模拟和假设一次意外,你失去了其中的一位,你必须涂掉其中一个人的名字。"老师的话音刚落,"嗡"的一声,刚才还异常安静的教室就炸开了:"不是吧,那么残忍啊!"尽管如此,同学们按照游戏规则,下了一番狠心,划掉了其中的一个名字。

"人的生活永远都不会是一帆风顺的,不幸随时都可能降临。下面请大家再划掉其中的一个名字。"……下面请大家再划掉一个。""啊?还划啊?"空气凝结了,笔停了下来,同学们对着那张纸,一动也不动,再也不忍心划下去了,有些同学的眼泪都情不自禁地流下来了。

"最后请同学们再划去一个人!"大多数同学的名单上只剩下父母两个人了,他们默默无语地看着面前的那张纸,内心受到一股剧烈的冲击和震撼。在他们年轻的生命里,第一次如此强烈地感受到家人竟然是那么的重要。

"往事不要再提,人生几多风雨。"不知不觉中,45分钟很快过去了,下课铃声响起,同学们才慢慢从刚才的游戏中缓过神来,有个同学不由得发出了心里的感叹:"爸爸妈妈,我想你们!"

资料来源:陈哀、佳帆:《第26节:生命中最重要的人》,全球品牌网,2008年12月5日,https://www.globrand.com/2008/94311.shtml.有删改。

在古代中国,由于社会教育不发达,人的成长往往依赖家庭教育。《周易·家人》中说:"正家而天下安矣。"《礼记·大学》中也明确提出:"齐家、治国、平天下。"由此可见,中华民族自古以来就十分重视家庭的教育。家庭教育是礼仪文化的启蒙阶段,我国历代思想家、教育家都极为重视,将礼仪教育视为少年儿童的必修课。孔子就曾谆谆告诫自己的儿子:"不学礼,无以立。"

　　古代童蒙教育的成功,表现之一便是有许多优秀的教材,《礼记》中的《曲礼》《少仪》《内则》,《大戴礼记》中的《保傅》和《曾子事父母》,以及《颜氏家训》《三字经》《千字文》《童蒙须知》《弟子规》等,都是名扬四海的童蒙教材。其中,朱熹对童蒙教育倾注的心血尤多,建树也最大。他认为,南宋之所以朝纲不振,是因为朝廷缺乏栋梁之材;而朝廷之所以缺乏栋梁之材,是因为子民在童蒙时代没有受到良好的教育。因此,从国家的前途考虑,必须下大力气抓好童蒙教育。而童蒙教育的核心是"培其根""固其本",使之"正",树立正直的品性。儿童思想单纯,身上坏习气比较少,只要引导得法,好的品行不仅与日俱增,而且根植于心田,正如孔子所说,"少成若天性,习惯成自然"。如果全社会都同步进行,那么社会风气的转变,就指日可待了。朱熹"童蒙养正"的理念非常正确,得到许多学者的响应。

·第07课·

出行礼仪

——有"礼"才能走遍天下

《礼记·曲礼》说,"行不中道,立不中门",既表示避让行人,又表示对尊者的礼敬。今天,交通方式的快捷便利,扩大了人们在出行中的交集,更加要求人们在出行中要注意人际关系的处理问题,即自觉遵守公共规则,又养成"与人方便自己方便"的推己及人的心态,从而培育友善观念。

乘飞机礼仪。上飞机前,不要吃大蒜等口味重的食品,也应该避免使用香水,因为飞机机舱内通风不良,所以气味通常会比在陆地上浓郁很多倍。在候机室等候登机时,请保持安静,如果需要接听手机,应尽量低声通话。在广播宣布开始登机之前,不要站在登机口,应找个位子坐下,避免走来走去。不要把自己的物品放在椅子上,尤其是人多的时候,更不能让行李占着本来是提供给其他乘客休息的椅子。登机时一定要遵守秩序,礼让残障、老、弱、病、幼等特殊人群。不要把体积很大的旅行包背在肩上,也不要在地上拖着走,这样做容易碰到坐在过道旁边的乘客。登机后,所携带的行李应该提在自己的前方,而不是提在左右两侧,以免碰到已经入座的乘客。当你在飞机上坐下时,要向旁边的乘客点头示意。空乘人员会协助乘客将行李放置妥当,小背包要放在行李置物柜,小件物品要放好,免得打开行李柜时,物品掉落。手提包可放在座椅下方,切勿占用过道。当飞机起飞与降落时,请关好移动电话、手提电脑、激光唱机、调频收音机等电子设备。邻座旅客之间可以进行交谈,但不要隔着多个座位说话,声音不要过大。不宜谈论有关劫机、撞机、坠机一类的不幸事件,也不要对飞机的性能与飞行信口开河,以免加大他人的心理压力,制造恐慌。在飞机上,因为乘客旅途比较劳累,为了更舒服地旅行,可以脱下鞋充分地休息。所以,脱鞋行为本身并不失礼,但是不能因为脱鞋而"污染"空气,给其他旅客带来不快。上下飞机时,要对空乘人员点头致意或者问好。在国外也有这样的惯例,即飞机着陆后,若此次航程顺畅、着陆平稳,全体乘客会一齐鼓掌感谢全体机组人员。

延伸阅读

这样的"留念"美好吗

国内某贸易公司的小王与另外两名同事受公司委派,到美国纽约出差。在飞机上,三个人非常兴奋,当大家都在休息的时候,他们却站在飞机的过道上互相拍照,还摆出各种各样的姿势,大概是想给家人和朋友看看,以示留念。但他们只顾着自己"留念",忘记了顾及其他乘客的感受。搭乘公共交通工具时很重要的一点就是保持安静,在很多外国人看来,在飞机上拍照、喧哗是很不可思议的事情:一方面,在国外坐飞机是很平常的事情,犯不着如此新鲜和兴奋;另一方面,大家都在休息,你自顾自地拍照,难免侵犯了他人的"私人空间",是对别人的不尊重。在国际航班上这样做,会给外国朋友留下不好的印象。本来你是想给自己留下美好的回忆,却在其他人脑海中烙下了不好的回忆,真可谓得不偿失!

资料来源:张国斌:《亮出最好的自己》,中信出版社2008年版。

乘地铁礼仪。乘地铁过安检时,经常会有一些乘客拒绝把行李物品放在检测仪器内检测,这种不配合工作人员的行为,是一种对大家的安全不负责任的表现。在站台候车时,请站在两侧的箭头内侧指示区,中间的箭头指示区留给下站的乘客。这样井然有序,更能节约时间。乘车时,应该先下后上,排队上车。上下班高峰期,乘客很多,通道窄的地方,切不可故意拥挤,很容易发生危险。当车门的警示铃响起时,不应再上车。不能因为赶时间,不断往车上挤,这样做很危险。在地铁上,坐姿要规范,不可把脚伸到过道上,影响他人通行。特别提醒穿超短裙坐地铁的女性,入座时,一定要注意坐姿的规范性,两腿要收拢、并紧,如果裙子太短,可以把手提袋放在腿上作为遮挡。不能旁若无人地随意脱鞋、袜。不能制造垃圾,更不能把垃圾丢在车厢内。不可一人占多座,更不可随意躺在座位上。不可大声在地铁里接打电话。面对老、弱、病、残、孕乘客,要主动让座。女性不要在车厢内当众化妆,情侣应避免在公众场合当众拥吻。禁止在车厢内饮食。

自驾车礼仪。行人与司机仿佛天生就处在对立面,但是,每一个行人都可能成为司机,每一个司机也有成为行人的时候,他们的角色总在不断变换的。作为驾驶员,相对行人永远处在强势的一方,这就需要更懂得开车礼仪。开车礼仪不仅体现着驾车人的社会道德水平,同时也可以透视一个民族、一个国家的人文关怀精神。当今社会,城市化、机动化的速度不断加快,车辆越来越多,我们不仅要遵照"红灯停、绿灯行"等基本的交通规则,还需要学习并遵守更多的驾车礼仪:(1)注重形象。汽车是公路上的流动风景,车身要保持干净;司机也要注意自身的仪表整洁,不宜光着膀子或穿着性感服装开车;不要往车厢外扔东西或吐痰。(2)言行有礼。不要朝别的司机大喊大叫,尤其对新司机应当宽容和理解;一旦车跟车发生摩擦,切忌互相指责、谩骂,更不能动手打人。(3)专心开车。不要酒后驾车或疲劳开车;开车要专心致志,不要因观赏周围景色、交谈、打手机、左顾右盼而分散了注意力。(4)音乐适宜。舒缓轻柔的音乐会让驾车人心情平和,更有利于安全驾驶;相反,那些刺激、震撼、快节奏的音乐会让驾驶员心情急躁,可能不知不觉就提高了车速;不提倡播放轰鸣的音乐,招摇过市。(5)礼让他人。司机应耐心等待行人过马路,不要跟行人抢路;在刮风下雨天,一定要减速慢行,免得溅别人一身水;当别人的车从身边驶过时,应放慢速度,不要加速。(6)慎用喇叭。遵守交通规则中的喇叭使用规定,不要在小区、校园等安静的地方按喇叭;到他人家中接人时,应下车按门铃,而不是按汽车喇叭。(7)不乱停车。清楚前后左右的情况,不要堵住别的车,也不要堵住行人和自行车的习惯通道;如果实在没车位,又一定要短暂停留,可在车上贴个便条,写上自己的电话,告知需要挪车时,电话通知。(8)不忘环保。停车后,收拾好车上的垃圾,不能图方便,直接扔在地上,要扔到垃圾桶。(9)洗车有方。如果在小区内洗车,要找一个合适的地方,避免冬天结冰一大片,夏天污水遍地流,让人走路不安全。

走路礼仪。以下是十大不文明行走的"陋习":一是不走人行横道,路中行走如闲庭信步。二是为抄近路践踏草坪或冒险翻越隔离带。三是过马路不走斑马线,走斑马线也不看信号灯。四是道路上嬉笑打闹,并排结队行走。五是行人过马路不走过街天桥。六是斜穿马路不看左右,跑动中急停。七是有人行道不走,而是在车行道边上行走。无视交警或交通协管员的指挥。八是在只准机动车辆通行的高架桥上步行。九是与机动车争抢道路,在车流中穿行。十是在车行道上招手打的,使出租车违规使用道路。

· 第08课 ·

邻里相处礼仪

——远亲不如近邻

　　《孟子·滕文公上》:"乡田同井,出入相友,守望相助,疾病相扶持,则百姓亲睦。"这句话描绘了一幅邻里相亲相爱的美好图景。曾经,每户人家住得并不算近,但邻居之间互相串门、聊天,甚至一起吃饭,嘘寒问暖都是常事。而到了今天,邻里空间距离近了,心理距离却远了,近在咫尺,却形同陌路,邻居成了"最熟悉的陌生人"。但据调查,不少人都表示愿意和邻居搞好关系,就是大家都不想主动,有的甚至怕和陌生人说话。搞好邻里关系,既能增进相互的友谊,又有利于各自的家庭生活。邻居交往有两大特点:一是天天见,二是生活琐事多。

延伸阅读

千万买邻

　　唐代李延寿所著《南史·吕僧珍传》载:宋季雅罢南康郡,市宅居僧珍宅侧。僧珍问宅价。曰:"一千一百万。"怪其贵。季雅曰:"一百万买宅,千万买邻。"

　　这就是"百万买宅,千万买邻"的由来。什么意思呢?吕僧珍是南朝梁的领军将军,其廉洁奉公的高尚品德深受梁武帝赏识和百姓爱戴。当时有位名叫季雅的官员被贬于当地,特地把吕僧珍私宅邻家的一幢房屋买下来居住。一天,吕僧珍问他买这幢房子花了多少钱,季雅回答说:"共花了一千一百万。"吕僧珍听了大吃一惊,觉得房价太贵。宋季雅笑着回答说:"其中一百万是买房屋,一千万是买邻居。"后来这个典故多指好邻居十分难得。

资料来源:佚名:《千金买邻》,快乐故事网,2018 年 7 月 30 日,https://www.kuailegushi.com/chengyugushi/qian_jin_mai_lin.html,有删改。

邻里间的相处礼仪有以下几方面。

不打扰左邻右舍。上下楼梯,脚步尽量放轻些,不要跑上跳下、打打闹闹,不要在楼道大声喧哗、吵闹;早出晚归时,进出居室要保持安静,不要大声喧哗和说笑;家庭娱乐要注意时间,尽量将电视机、音响的音量开得小一些,午休、深夜时不要玩卡拉 OK;尊重邻居的生活习惯;管理教育好孩子,不要不分场合地任意吵闹等;如果家里有事会影响邻居,要事先打个招呼,请求谅解担待。

不要在邻居间说长道短。邻居交往,所谈多是家常琐事。要本着"互不干涉内政"的原则,不要总是把眼睛盯着别人家里的私事,说三道四,搬弄是非。这不仅破坏了邻居之间的团结,也降低了自己的人格。要注意尊重邻居家的隐私,做到隔窗不窥视、隔室不窃听。

友好相处,宽容谦让。与邻居交往中,要帮助劝解邻居之间的矛盾,不制造邻居纠纷。遇到鸡毛蒜皮的生活琐事,不要互相猜疑、钩心斗角,可以通过坦率交换意见,妥善地协调解决各种问题。孩子间发生纠纷,不要总是偏袒自己的孩子,家长应多做自我批评,宽容谦让,既为孩子树立榜样,也避免邻居间伤了和气。

以礼相待。对邻居要以礼相待,平易近人。邻居之间抬头不见低头见,不可形同陌路。见面互相打招呼,点头示意或寒暄几句,并不丢份,且与己无损,对融洽关系更有益。遇到老人上下楼梯,应上前去搀扶。见到邻居提、搬重物,要主动让路,不能抢上抢下或挤上挤下,还应主动询问是否需要帮助。在楼道里或窄小的地方遇到长辈,要主动让路,请长者先走。

互帮互助。在与邻居交往中,有人以为邻居间避免矛盾的办法就是相互少掺和,自家管自家最好,少数人家甚至发展到"老死不相往来"的地步。其实,邻居之间自顾自的做法绝对不是上策,毕竟"远亲还不如近邻"呢!日常生活中,邻居间要有需要帮忙之处应热心相助,不宜冷漠拒绝、袖手旁观,更忌幸灾乐祸。当邻居家遇有婚丧嫁娶之事,要尽可能地给予帮助,对邻居家的老人和小孩,要给予尊重和照顾。特别是孤寡老人,当他们遇到困难时,要及时给予援助。邻居出门后,要注意维护邻居家的安全,帮助招待客人。

文明使用住房的公用部位。这是邻居关系中比较敏感的问题,应本着严于律己、大度为怀的态度来处理。在使用公用部位时,应力求平等合理,照顾各方利益,共同爱护、保持清洁。还要替他人着想,如公用水龙头、公用厕所,在早晚大家集中使用的时间,不要占用较长时间。

高层住户应照顾低层住户。不要往楼下倒垃圾,在阳台上浇花草时,小心不要把水洒到楼下,以免污染楼下住户晾晒的衣物及室外环境;放在阳台栏杆边沿的花盆或其他杂物应固定好,避免被风刮落或不慎碰落,造成对他人的伤害。

社区是家的居所、社会的基础。社区文明、和谐、安定,则社会文明、和谐、安定。而文明社区与文明市民是相互联系的。

营造安宁、温馨、美观的居住环境,是居民及管理者的共同期盼,然而,要拥有祥和、美好的社区环境,除了街道、居委会管理有方外,更重要的是业主、物业、保安之间需要密切配合,共同维护。业主对物业、保安要充分尊重,不可傲慢无礼,遇见他们问声"好",碰到清洁工道声"辛苦",彼此关心,何乐而不为?家庭装修时,当事人要尽量避免装修噪音过度干扰邻居的正常生活。按有关规定,上班前和下班后必须停止家装。小区的居民都应自觉遵守乘电梯规则,特别是成年人要教育孩子不要以乱按电梯的方式开玩笑。许多小区精心修建了一块块绿地小花园,每位居民都要用心维护。

小区是人们生活居住的场所,为了给街坊邻居创造好的生活氛围,在开车进入小区时应该减速慢行,禁鸣喇叭。小区内活动着很多老人和孩子,为了保护这些弱势群体,在倒车的时候,应该密切注意车后的行人,以免误伤。停车时应该将车停放在指定地点,即使临时停车也应该靠边停放,避免影响交通。同时,更应该注意避免损坏绿地。这样将车停放在道路中间,无疑会给行人及过路的车辆制造麻烦。

随着养宠物的家庭越来越多,社区内遛狗、逗鸟的情景屡见不鲜,而宠物引起的纠纷事件也时有发生。因此,养宠物者要注意:一要讲卫生。尽量防止猫、狗在社区等公共场所随地大小便,一旦控制不了,主人应及时将宠物的排泄物清理干净,至于让宠物在社区景观水池洗澡就更不应该了。二要保安全。遛狗时,主人要牵好狗套上的绳索,不要任它追逐扑咬,狂吠乱叫。遇到老人、小孩、孕妇,必须格外小心,千万别让宠物惊吓他们。三要慎用昵称。许多人把宠物当成家庭成员,对小狗也自称"爸爸""妈妈""姐姐"之类。但出了家门,要注意不要将宠物与他人一起排辈分,尤其不要把没有养宠物的人与狗相互称呼,比如"别惊吓姐姐""快给阿姨道歉"之类的话,可能会令他人反感。四要防噪音。有的居民,若早晨起来逗鸟,要注意防止鸟叫声影响邻居休息。

· 第09课 ·

手机微信礼仪

——私人联络也要讲公德

　　手机的普及,使得私人谈话越来越多地出现在公众场所。为此,呼唤手机文明,呼唤手机使用中的公德意识,就成为我们无法回避的问题。怎么打手机,很多时候全凭一个人的自觉意识,靠一个人的基本文明素质。令人遗憾的是,不少人未能交上一份合格的答卷。打手机要讲究场合、方式,说到底,即要求一个人要分清什么是公共场合,什么是私人场合。在私人场合可以随心所欲的事,到了公共场合,必须有所顾及。这种顾及就是一种文明、教养,就是一种公德意识。这种顾及实际上就是对他人利益的关照。当每个人都能意识到不能因自己的行为给旁人带来麻烦时,我们才可能享受最大的自由。

延伸阅读

有一种尊重,叫作"收到请回复"

　　朋友妍妍在一家公司做行政工作。有天上班,妍妍接到领导指示:明天公司要拍宣传片,所有员工要穿黑色正装。

妍妍立刻在公司微信群里发通知，最后还特意叮嘱："收到请回复。"同事们陆陆续续回复了，但直到下班，还有三个同事没有回。妍妍赶紧给他们打电话。结果一个说看到了，就是没回；一个觉得是小事，妍妍特意打个电话是小题大做；还有一个同事连电话都没接。

妍妍说，在工作中，她最怕的事情就是发通知。"发通知这事，虽然简单且无技术含量，但最考验人的耐心。""我每天在群里一次又一次提醒，还让他们收到要及时回复我。而他们要么是没回复，要么就是回复了之后也没把它当回事。"但这"收到请回复"简短的五个字，往往不被看重。"我已经收到了通知，我也知道有这样一回事，那为什么还非要回复呢？"是啊，你是收到了信息，也知道有这一回事。可是你不知道，还有人在屏幕另一头焦急地等待着你的确认。

资料来源：韩城教育：《有一种尊重叫做——收到请回复》，搜狐网，2018年2月7日，http://www.sohu.com/a/221504121_99933770。

使用手机，不能给公众带来"听觉污染"。公共场合，特别是楼梯、电梯、路口、人行道、公交车上等人来人往或人群拥挤的地方，应慎重使用手机。如果要在人群中使用手机，请尊重周围人士的权利。旁若无人地使用手机，高声对着手机喊叫，是没有素养的表现。请尊重人与人之间的空间距离，在打电话时，应与最近的人保持3—6米或更长的距离。如果没有这一空间，最好等到有这样的空间时再打电话。

在要求"保持安静"的公共场所，如音乐厅、影剧院、图书馆等场所,应当关闭手机或让其处于静音状态。在这种场合使用手机通话是极其不合适的,如确有通话的必要,选择以静音的方式发送短信为最佳的方式。如果你的手机在一个安静的场所响了起来,关掉它或转入"来电转接",并对周围的人表示歉意。实在要接电话的话,赶紧退场。在会议、会见等聚会场合,最好的方式是把手机关掉,起码也要调到震动或静音状态。这样既显示出对别人的尊重,又不会打断发话者的思路。若在会场上铃声不断,大家的目光都投向你,这并不能证明你的业务很忙,只会显示出你缺少修养。

在用手机拍摄他人时,应该征得对方的同意,要知道很多人并不喜欢"出镜"。如果对方允许你拍照,并存在你的手机里,也不能未经对方同意将他(她)的照片转发给其他人欣赏;要有"肖像权"意识,不能随意将他人的照片在报纸、杂志上刊登或传到网络上广为传播,特别是一些被拍照人"出糗"的照片,更不能随意传播。使用你的手机替外人拍照后,要主动将照片提供给对方。在旅游景点,别人帮你拍了照以后,最好还要问一下:需要我为您拍吗?标有"禁止拍摄"的旅游景点,切勿偷拍。在日常生活中,切勿给自己或他人拍一些"不雅照片"。

一些个性化铃声为生活增添了色彩,人们选择它无可非议。但是过于个性化的铃声应注意使用场合。同时,铃声要和身份相匹配。相对来说,过于个性化的铃声与年轻人的身份比较匹配,一些长者或者有一定身份的人如果选择与自己身份不太匹配的铃声,会损害自己的形象。为了不让他人笑话,成年人请用正常铃声,这样万一在不适当的时候响起来,也不会让你尴尬。手机铃声不能调得过大,以离开座位2米可以听见为宜。有些人的铃声像是"凶铃",在大家埋头干活时突然刺耳地响起,让人心跳都会加快。在医院、幼儿园等场所,过大的铃声会成为一种公害。

延伸阅读

没事别打电话？互联网带来社交新礼仪

近日，一篇题为《新世纪社交礼仪：没事别打电话》的文章引起了网友的热议。很多网友发现，自己接（打）的电话越来越少，甚至开始害怕听到电话铃声；还有网友认为，如果互加微信却不先在微信上沟通就打电话的话，会有些不礼貌。如今，互联网已成为社交的第一渠道，打电话退居"二线"。一些公共关系专家发出感慨：互联网已在不知不觉中改变了社交礼仪。

互联网的普及使"一部手机行天下"成为现实。手机连上网，就打开了一个新的世界。买车票、逛超市、叫外卖……只需轻轻点击即可实现。互联网给社交带来的改变就更明显了。没事聊聊QQ、看看微信、逛逛豆瓣、转转知乎，互联网使人与人之间的联系方式变得更为简单。

同其他事物一样，社交礼仪同样具有鲜明的时代印记。

在快速发展的互联网时代，有一首描述"慢"的诗歌经常被网友提起："从前的日色变得慢/车，马，邮件都慢/一生只够爱一个人……"在古代，"江水三千里，家书十五行。行行无别语，只道早还乡"。那时候，空间的距离要靠书信"拉近"。一封书信，浓缩着时间积淀的情感。

如今，在移动互联网时代，这边点一下"发送"，那边立刻就能收到信息。聊天不仅是"说什么"，也是"怎么说"。当微信成为人们的一种生活方式时，如何发微信与他人交流、如何发朋友圈、如何发微博等就慢慢变成了现在社交礼仪的一部分。

文字信息的传递极其容易之后，困惑就容易产生。有些网友感慨，社交便捷了很多，但也少了一些仪式感。不再有以前等一封书信时的企盼和悸动。

互联网给人们的社交带来了更为便捷的体验和更多的可能性，但不能忽视的是，线上的社交方式并非社交的全部。如果没有线下社交的延伸，互联网的线上社交很可能只会浮于表面。同时，信息爆炸带来的结果同样增加了线上社交的冗杂度，原本身边有限的交往圈被互联网无限放大，因此也容易耗费人们过多的精力。

资料来源：刘发为：《互联网带来社交新礼仪》，《人民日报》（海外版），2018年5月21日。

如今，不少人的关注点从公众媒体转移到个人，有人几个小时的时间都花在浏览、评论和分享微信朋友圈的消息上；有人可能会因为朋友圈里的一条微信活动闹腾半天。微信礼仪和人与人之间的交往礼仪同等重要，在使用微信时，请关注以下礼仪细节。

刷屏已经变成了大部分手机用户的习惯性动作，有事没事刷两下，该关心的关心，该点赞的点赞，该调侃的调侃，但最忌讳的就是在别人的伤口上撒盐。在微信朋友圈里不要老是潜水，看到美文、好图、好思想不妨赞一个，是捧场也是谦逊。要关注微信内容的质量，不要频繁发一些无实质意义的内容。不要在微信朋友圈中传递负面情绪，关于个人负面的情绪、莫名其妙的感叹、无厘头的咒怨等影响他人心情的言辞不要随便发。如果你是求关注、求安慰，不妨直说。不要在微信中发布或转发带"如果不转发就……"等强制性或诅咒性字眼的内容,朋友之间应只有尊重,没有要挟。群聊里的话题要契合主题,不要无限跑题,非常私密的话题可以私聊,不要让大家围观。不要在微信群里单独与某人聊天,以免干扰别的群友。转发那些需要捐款、捐助、收养等的求助微信时,凡是有电话号码、联系人的,自己先确认一下,虚假不实甚至涉嫌吸费、诈骗的信息"到我为止"。在上班时间,不要同他人聊与工作无关的事情。建议晚上12点以后,不要在微信群里发微信。

抢微信红包已成为东西南北、男女老少都喜欢的"新民俗"。虽然一个红包常常也就是几块钱,甚至几分钱,但是,从某种意义上说,微信群就是一个社交场,小小红包也能折射出你的人品和行事风范。送人玫瑰,手有余香。发红包是一种有意识的行为,包含着一种付出、一份给予,而不仅仅只是一个游戏。发红包的人期待获得大家的点赞和好评,这是人之常情。因此,抢到红包的朋友,可别光顾着庆幸自己手气好,还应当给发红包的朋友说一句道谢的话,或者发个富有"喜感"的表情。古语云:"来而不往非礼也。"微信群里玩红包也遵循这个规矩。有人只抢不发,一回两回不要紧,长此以往,难免会给人留下贪小便宜的印象;也有人抢红包时冲锋在前,轮到他发红包时却经常发一分钱的红包,难免惹来众多网友的吐槽。通常情况下,群里人多,而红包量少。所以,每次抢红包都会是"几家欢喜几家愁",有的朋友仗着有神兵利器——WiFi,每抢必中;有的朋友网速"不给力",或者手慢,回回都与红包擦肩而过。其实,抢红包就是图个乐,相信谁也不会指望通过抢微信群里的红包而发家致富,人们更期待抢中红包带给自己好运,而非红包的金额。如此说来,那些抢红包高手不妨礼让三分,冠军轮流做,大家都开心。

· 第 10 课 ·

网络礼仪

——虚拟空间同样讲究礼仪

网络礼仪就是人们在互联网上交往所需要遵循的礼节,是一系列使人们在网上有合适表现的规则。美国人 Virginia Shea 在《网络礼节》一书中,向大家介绍了通用的十条核心规则。在此基础上,我们总结出如下几条网络礼仪。

记住人的存在。尽管你面对的是屏幕和键盘,但实际上,你还是在与真正的人交流,你当着面不会说的话,在网上也不要说。当你生气时,更要慎重考虑你在网上的话语,一旦说出去,就很难收回来了。

网上网下行为一致。在现实生活中大多数人都遵纪守法,而在网上也应该如此。网上的道德和法律与现实生活是相同的,不要以为在网上面对电脑,就可以降低道德标准。

入乡随俗。同样是网站,不同的论坛有不同的规则。在一个论坛可以做的事情在另一个论坛可能不宜做。比方说在聊天室散布传言和在一个新闻论坛散布传言是不同的。最好的建议是"先看再说",在你发表见解之前,先四处看看,了解其他人在讨论什么,这样你可以知道论坛的气氛和可以接受的行为。

尊重别人的时间和带宽。在提问题以前,先自己花些时间去搜索和研究。很有可能同样的问题以前已经问过多次,现成的答案触手可及。不要以自我为中心,别人为你寻找答案需要消耗时间和资源。

让自己在网上留下好印象。因为网络的匿名性质,别人无法从你的外观来判断你的人品,因此你的一言一语成为别人对你的唯一判断。如果你对某个方面不是很熟悉,找几本书看看再开口。同样,发帖之前,要仔细检查语法和用词,不要故意挑衅和使用脏话。

分享你的知识。不要只知道"索取",也需要你与大家分享知识。另外,如果能与他人一起分享你对某一问题的理解,那是一种礼貌的做法。

平心静气地争论。争论与大战是正常的现象。要以理服人,不要人身攻击。网络礼仪并不赞同无理由、无根据的语言冲突,换句话说,就是不要轻易挑起争端。要记住这句话"恶语伤人甚于棍棒伤人"。随随便便地胡说八道也会伤及他人,而且在网上所说的话并不会在空气中消失,它可能会被收集并长时间地保留在某个数据库里。

尊重他人的隐私。请不要随意公开自己的隐私,如真实姓名、家庭地址、电话号码等。就算你觉得彼此已成为好朋友,还是应该小心一点。对于他人的隐私,应该更加注意。如果不小心看到别人的电子邮件或秘密,不应该到处传播,以免给他人带来伤害。至于商业机密与国家机密,更不能故意泄露。

不要滥用权力。管理员、版主比其他用户有更多权力,应该珍惜使用这些权力。游戏室内的高手应该对新手"手下留情"。

宽容。我们都曾经是新手,都会有犯错误的时候。当看到别人写错字、用错词、问一个低级问题或者写了一篇没必要的长文时,请不要在意。如果你真想给他提建议,最好用电子邮件私下提,人都是爱面子的。

量力而行。网络游戏,尤其是竞技类游戏,往往需要投入大量的时间和金钱。因此,玩家应该考虑自身的情况理性选择,不要因玩网络游戏而损害身体或花费过多的金钱。

自我保护。网络世界里充满了太多的未知因素,它为想象和创造提供空间的同时,也给各种邪恶留下了可乘之机。因此在网络生活中应当时刻保持警惕,保护好自己的人身、财产和隐私安全。

文明上网。不要登录色情、反动网站,很多这类网站还另有黑客程序,只要打开一次后,一些黄色、反动的内容、语句、图片,会自动下载到你用的电脑里,如果你对电脑不够精通的话,会引发很多麻烦。

制止犯罪。"黑客"往往凭借其高超的计算机知识和网络操作技能,进入一些单位的服务器,或是擅改程序,偷窥机密,造成网络混乱,并从中捣乱或谋利。我们必须正确使用网络技术,既不能充当"黑客",又必须防范"黑客"。对于利用网络进行犯罪的事实,我们知道后应该及时向公安机关举报。

传统书信的礼仪规则完全适用于现代网络世界的电子邮件。我们从电子邮件的字里行间,同样可以看出一个人的礼仪水准。

在撰写电子邮件的内容时,应遵照普通信件或公文所用的格式和规则。邮件正文要简洁,不可长篇大论,以方便收件人阅读。用语要礼貌,以示对收件人的尊重。如果你在发信时还另外加了"附件",一定要在信件内容里加以说明,以免对方因不注意而错过。

一封商务信函,从拟写、编改、打印,到最后邮寄出去会花很长时间,而一封电子邮件却可能在任何心情下即刻发送出去。因此,一定要谨慎对待表达了过多情感或表现出了强烈态度和感受的邮件,这类邮件会引起误解。千万不要在生气时发送邮件,而应该做个深呼吸或先把它放在一边,直到冷静下来,问问自己,你会在公众场所中面对面地对他人讲这些话吗? 如果答案是否定的,请重读重写,或重新思考到底要不要发出这么一份信息。千万不可以因为没看到对方的脸,就毫不客气地讲一些没有经过大脑思考的话语。

延伸阅读

史上最牛女秘书的"邮件门"

2006年的一天晚上,某外企中国公司总裁L先生(新加坡籍)回办公室取东西,到办公室门口才发现自己没带钥匙。此时他的私人秘书R小姐(中国籍)已经下班。L先生联系他的私人秘书未果。数小时后,L先生还是难抑怒火,在凌晨1时13分通过内部电子邮件系统给R小姐发了一封措辞严厉的"谴责信"。这封邮件是用英文写的,中文意思是:我曾告诉过你,想东西、做事情不要想当然! 结果今天晚上你就把我锁在门外,我要取的东西都还在办公室里。问题在于你自以为是地认为我随身带了钥匙。从现在起,无论是午餐时段还是晚上下班后,你要跟你服务的每一名经理都确认无事后才能离开办公室,明白了吗?(据翻译者称,此信的英文措施还要更严厉。)

两天后,R小姐在邮件中用中文(在外企的文化里,出于礼貌,中方职员在回复上司的英文邮件时,一般应选择英文)回复说:第一,我做这件事是完全正确的,我锁门是从安全角度上考虑的,这里不是没有丢过东西,一旦丢了东西,我无法承担这个责任。第二,你有钥匙,是你自己忘了带,还要说别人不对。造成这件事的主要原因都是你自己,不要把自己的错误转移到别人的身上。第三,你无权干涉和控制我的私人时间,我一天就8小时的工作时间,请你记住中午和晚上下班的时间都是我的私人时间。第四,从到公司的第一天到现在为止,我工作尽职尽责,也加过很多次班,我也没有任何怨言,但是如果你要求我加班是为了工作以外的事情,我无法做到。第五,虽然咱们是上下级的关系,也请你注重一下你说话的语气,这是做人最基本的礼貌问题。第六,我要在这强调一下,我并没有猜想或者假定什么,因为我没有这个时间,也没有这个必要。

本来,这封咄咄逼人的回信已经够令人吃惊了,可R小姐选择了更加过火的做法。她将回信的对象选择了该外企中国公司的所有人。这封邮件几天内传了好几千人,全国的外企圈子都知道了。无论是邮件附加的个人点评,还是BBS上的讨论,力挺R小姐的声音都超过了八成。转发者感到很过瘾,仿佛在骂自己的老板。不过,外企人力资源部的管理层却并不买账,R小姐失去了工作。此后不久,L先生也离职了。

资料来源:张建宏:《现代实用礼仪教程》,河南大学出版社2018年版。

在电子邮件的"主题"或"标题"一栏,一定要写清楚信件的主题或标题,多几个字没关系,以免什么都没写,对方会认为是恶意邮件在没被打开之前就删除了。

因为电子邮件跨地区甚至出国都是在"点击"之间,所以在传送电子信息之前,务必确认收信对象是否正确,以免造成不必要的困扰。此外,更要提防无意间泄露了商业机密、国家机密,而造成无可挽回的损失。

应当定期打开收件箱查看邮件,以免遗漏或耽误重要邮件的阅读和回复。一般应在收到邮件后的当天予以回复。如果涉及较难处理的问题,要先告诉对方你已收到邮件,来信处理后会及时给以正式回复。回复电子信件时,请适当附带原文,这样别人知道你是为什么而回复的,这里要注意,不要把原文全部附带上,只需要附带上回复的那段即可。

注意别把私人邮件公开发布。对来信者而言,邮件内容是针对收信者所撰写的私人信函,不见得适合他人阅读。若要把他人的来函转送给第三者,要先征询来信者的同意!

最后需要特别提醒的是,电子邮件是职业信件的一种,而职业信件中的内容比较严肃。小心写在 E-mail 里的每一个字、每一句话,因为法律规定 E-mail 也可以作为法律证据。

· 第 11 课 ·

校园生活礼仪

——象牙塔内处处有礼仪

　　学校是一个既严肃又活泼,既庄严又亲切,既紧张又文明的地方。校园礼仪,既是衡量一个学校文明素质的标尺,也是展现一个国家国民素质的社会窗口。

　　现代社会中,人们越来越看重诚信。大学生在校学习只是一个暂时的、阶段性的过程,最终我们还是要走入社会。将来,诚信必将成为用人单位对求职者的素质要求,成为大学生的安身立命之本,这就要求我们要做诚信规范的力行者。中共中央印发的《公民道德建设实施纲要》,把"明礼诚信"作为最基本的道德规范。在全社会都在倡导"诚信"的今天,作为接受文明教育最充分的大学生,更应该身体力行,领文明之先风,不做有损国家利益和个人名誉的事情。作为当代大学生,只有把科学认识上的求真精神和做人方面的求真精神结合起来,才能无愧于时代、无愧于国家和人民,人生也才会有真正意义上的价值。也只有热爱真理、襟怀坦白、诚实公正的人才能为追求真理拼搏和献身。

延伸阅读

失信的代价

一名留学法国的中国学生，成绩优异，毕业后希望留在法国求职。拜访了很多家大公司后，都不明缘由地被拒绝。于是他狠狠心，选了个小公司去应聘。没想到，还是一样遭到了拒绝！忍无可忍的他，终于拍案而起。对方请愤怒的留学生坐下，然后从档案袋里取出一张纸放在他面前——这是一份诚信记录。记录上面显示他乘坐公共汽车时曾经3次逃票被抓。这名留学生瞠目结舌，万万没有想到，自己奋斗多年，最后竟然输在了这3次逃票记录上！诚信，从此让他刻骨铭心。

在中国刚进行入世谈判时，报纸上登载过这样一篇文章：一个中国留学生，为日本餐馆洗盘子。日本餐饮业规定，盘子必须洗七遍，这个留学生却很"聪明"地少洗了两遍。老板发现了问题，就将他辞退了。留学生又到该社区的另一家餐馆应聘洗盘子。这位老板打量了他半天，才说："你就是那个只洗五遍盘子的中国留学生吧！对不起，我们不需要！"第二家、第三家……他屡屡碰壁。不仅如此，房东不久也要求他退房，原因是他的"名声"对其他住户的工作产生了不良影响。他就读的学校也专门找他谈话，因为他影响了学校的生源。

资料来源：据网络资料整理。

"老师"一词是对在学校中从教者的称谓,"传道、授业、解惑"是其基本职责。古代,老师在社会中有相当高的地位。古人所列举的应该受到特别尊崇的对象是"天地君亲师",老师占有一席。与老师的交往是大学生人际交往的重要内容。老师是大学生感悟人生、获得知识、学有所成的引路人。古语云:"师同父母。""滴水之恩必当涌泉相报。"为此,作为深受老师教诲的大学生,在与老师的交往过程中应热爱与尊重老师。

延伸阅读

一日为师,终身为父

徐特立是毛泽东学生时代的一位老师。当徐老60华诞时,毛泽东写了一封热情洋溢的信,表示自己的敬佩之情。信上说:"一日为师,终身为父。你是我30年前的先生,你现在仍是我的先生,你将来必定还是我的先生……"中华人民共和国成立之初,徐特立应毛泽东邀请从南方来到北京,毛泽东在中南海家中专门做了湘笋和青椒等湖南菜为老师洗尘。毛泽东说:"没有好菜吃。"徐特立表示:"人意好,水也甜。"上桌时,毛泽东要徐特立坐上席,徐老说:"您是全国人民的主席,应该坐上席。"毛泽东谦让道:"您是主席的老师,更应该坐上席。"硬是让老师坐了上席。几天后,毛泽东还把自己的呢子大衣给了老师,作为送别礼。

资料来源:张建宏:《现代实用礼仪教程》(第2版),河南大学出版社2018年版

在大学中,同学朝夕相处,是亲密的伙伴。同学情是大学生活中

最宝贵的财富,它具有纯真、浪漫、充满活力等特点。为此,与同学交往应注意建立一个和睦的同学关系网,使自己度过一段美好而难忘的大学时光。新生入学时,都会分配到固定的寝室,每个寝室一般由4到8个寝室成员组成。由于大家刚开始都很陌生,室友之间没有什么太大的误会,大家都会相处得很好。但是随着时间的推移,大家开始相互熟悉,人和人之间的差异就会显现出来,很多寝室都或多或少会闹点矛盾。以下三点对于处理寝室成员之间的关系十分重要:(1)包容。和室友相处是一个很复杂的学问,尤其对于新生而言。每个独立的个体都有其独特的性格属性和个性标签,如何在短时间内融合不是个简单的事。谁都不是完美的,肯定会存在这样或那样的缺点让别人不能接受,所以首先我们要学会包容,宽容。(2)换位思考。或许你们每个人在大学的追求不同,但是你不能用你的观念去衡量你的室友。要记住每个人都是最好的自己。如果学会换位思考,设身处地地多为对方考虑,就会多一分理解,那就没有什么问题是解决不了的。(3)找闪光点。如果总是抓住别人的缺点不放,那就太没意思了!每个人都有优点,多找室友的闪光点,比如室友会帮你打壶水,带个饭;室友风趣幽默,总给大家讲笑话;室友细心善良,有人生病了他总是那个最会照顾别人的人。每一件小事都能体现一个人的内心。慢慢地,你会发现,自己的室友特别可爱。

校园公共场所是同学们生活、学习和娱乐的地方,每个同学都应遵循一定的礼仪规范,维护它的秩序。比如到图书馆、阅览室学习,要衣着整洁,不能穿汗衫和拖鞋入内。进入图书馆应将通信工具关闭或调到振动,接听手机应悄然走到室外轻声通话。就座时,不要为别人预占位置。阅读时要默读,不能出声或窃窃私语。不能在阅览室内交谈,更不能大声喧哗。在图书馆、阅览室走路时,脚步要轻,物品要轻拿轻放,不能发出声响。要爱护图书,如遇事需要帮助,不能大声呼喊,要走到工作人员身边轻声求助。

·第 12 课·

公共卫生间礼仪

——上厕所大有学问

你会上厕所吗？面对这样一个看似简单的问题，你能理直气壮地回答"会"吗？在国际上，衡量一个城市的文明程度，通常是看这个城市公共卫生间的设施和管理；而是否了解和讲究洗手间礼仪，可以从侧面反映一个人的文明素质。

国际上最通用的厕所标志是"W.C."。另外，常用的标志还有：Toilet（盥洗室）、Lavatory（厕所）、Wash Room（洗手间）、Rest Room（休息室）、Bath Room（浴室）、Comfort Station（休息室）。男厕所的标示有：Men's Room、Gentlemen、Gent's、Men 等。女厕所的标志有：Ladies'Room、Ladies、Women、Powder Room（化妆室）等。也有些是用图案来标识的，男厕多是烟斗、胡子、帽子、拐杖、男士头像，女士则多以高跟鞋、裙子、洋伞、嘴唇、女士长发头像等来表示。

公园、商店、酒店、写字楼等场所的卫生间使用频率较高，人多时，要注意站在卫生间的大门口排队，按先来后到的顺序排成一排，一旦有某一间空出来，排在第一位的自然拥有优先使用权，这是国际通用的惯例；而不是排在某一间门外，以赌运气的方式等待。在飞机、轮船、游览车、火车等交通工具上，洗手间是男女共用的，男女一起排队是很正常的。这种情况下不必讲究"女士优先"。

 延伸阅读

6成人上厕所时打手机

　　据台湾地区某报纸报道,一项新调查指出,超过半数(63%)拥有手机的美国民众在厕所中接电话;将近半数(41%)从厕所中拨电话出去。不仅如此,他们还在厕所隔间内看短信、网购。此一发现显示,人们已到了不顾时间、场合任意使用手机的地步。礼仪专家表示,在厕所内闲聊、上网,不仅粗鲁无礼,对电话那一端的人不敬,而且还有"占着茅坑不拉屎"之嫌,妨碍他人"办正事"。此外,高科技时代的卫生也受到破坏,因为虽然有92%的手机使用者事后洗手,但是仅有14%的人也清洁了手机。

　　资料来源:张建宏:《现代实用礼仪教程》(第2版),河南大学出版社2018年版。

　　不要总认为隔间没人,为了避免这些小摩擦,你可以先轻轻敲门听听反应,最后再转动门把手。一些小的隔间门锁欠佳,人们有时会误闯,造成一些尴尬的局面。你肯定不想冲进厕所,然后看到你的老板正在"蹲坑",对吧?

　　儿童一般是可以和父亲或母亲一起使用洗手间的。有不成文的规定:母亲可以带着小男孩一起上女厕,没有人会介意,而父亲则不可以带小女孩上男厕。

　　卫生间不是图书室,不要携带公共读物、公司文件或者是其他材料进入卫生间。你会想去翻阅那份你亲眼看见同事从卫生间带出来的备忘录吗？当然，带个人读物进卫生间是没关系的，只要你上完厕所记得带走。

一个人如何处置坐垫这不仅是一个礼节问题，更能体现一个人的文明修养。如果你如厕时用的是站姿，需要先掀起坐垫，结束后再把它放下去。这只是一个简单的礼仪问题且是举手之劳，但总有一些人不在如厕之前将马桶坐垫掀起来。

一般不要在公共卫生间里面讲电话，更不要因为煲电话粥而占据外面有人在排队等待的卫生间。冲水和其他不雅的声音，电话的另一头也会听见。在男厕小便池前，请将眼睛盯着面前的一堵白墙，不要随意与旁人高谈阔论。

记得将卫生纸等杂物扔进纸篓，以免堵塞下水道。如果不小心把马桶垫板弄脏，要用纸擦干净。不要以"卫生"为由，穿鞋蹲在马桶上。用完之后记得"来匆匆，去冲冲"，留下一个干净的环境方便后面的人使用。人体排便时所产生的废物可不是那么好闻的。卫生间，尤其是公共卫生间，每天的人流量都很大，因此会产生一些奇怪的味道。你可以通过做好自己分内的事——上完厕所后至少冲一次，来减轻这种刺鼻的味道。

原则上，使用完洗手间必须洗手。洗手时，水要开小些，一方面节约用水，另一方面可以避免水溅到洗手台或地上。如果不小心把水溅出，要主动用纸擦干。洗手以后，不要一边走路一边甩干手上的水，这样容易弄湿地面，使人滑倒。还要注意的是，不要长时间占用洗手池。洗手台也会有擦手纸和烘干机，一般习惯是先用擦手纸巾擦干手，把用完的纸扔入垃圾桶后，再用烘干机把手吹干。

在卫生间整理仪表时，如果有头发掉在洗手台上，应及时清理干净。从卫生间出来，但衣服没有整理好，当着他人的面整理衣服、提裤子或者拉裙子,会让人觉得你缺乏教养。

在欧洲的一些国家,上洗手间是要付小费的,有些地方是在出口处的桌子上摆一个浅碟子,使用完毕可以随意放置一些硬币等当作清洁费。还有一些则是在入门处清楚标明使用卫生间的费用,有些要事先付费。如果不付费,看守者就不会为你打开锁着的厕门。还有一些是机械投币式的,即在入口设有一个自动投币机门,投下一个硬币,旋转栅门就可以开一次。

如果看到洗手间地上有"Wet Floor"等字样的黄色告示牌,表示清洁工人正在进行清洁。这时候,你就要去找另外一个洗手间了。

·第13课·

剧场礼仪

——高雅场所勿现不和谐音符

看话剧、歌剧,听音乐会,已成为人们追逐时尚、享受艺术的新方式。观看演出之前,应稍微做一些功课,以帮助自己更充分地享受艺术的盛宴。对诸如背景故事、剧目曲目、经典唱段和表演者,应事先有个大致了解。

时间观念是一个人最基本的文化素质的体现。在高速发展的信息时代,人们的时间观念越来越强。但少数观众对观看演出产生了一种误解,他们认为看演出是个人休闲娱乐活动,早点晚点没有关系。其实,这是一种最大的误会。恰恰相反,观看演出更应该准时。因为入场券上的开演时间,就是演出对观众的承诺,必须按时开演以维护准时到场观众的合法利益。迟到的观众,不但看不到精彩的开场,得不到完整的艺术享受,而且在众目睽睽之下走进剧场,也影响到多数按时入场观众的欣赏效果。所以如果不慎迟到,请您遵守剧场的有关规定,根据不同艺术品种和剧院的要求做到以下几点:(1)对演出环境要求不高,对演员和观众均不会产生太大影响的演出,比如京剧、曲艺、杂技、木偶等,迟到的观众一般准许及时入场,选择就近入座,待节目中场休息时再回到自己的座位。(2)对演出环境要求很高,对演员和观众都会产生很大影响的演出,比如交响音乐会、声乐独唱、合唱、歌剧及其他无电声音乐会等,迟到的观众不能随时进场,需要等一个曲目结束之后,按照服务人员的指引,轻声入场,就近入座,待中场休息时可以回到自己的座位上。如果遇到曲目较长的节目,您就需要在场外耐心等待。(3)对演出环境和对演员、观众产生的影响介于上述两种情况之间的演出,比如芭蕾舞、话剧、歌舞剧等,迟到的观众应根据具体演出的要求在确保不影响演员和其他观众正常观看的情况下就近入座,待中场休息时再回到自己的座位。

着装是一个人内在气质的直接反映。不同的职业、不同的场合有不同的着装讲究。剧场是欣赏文艺表演的艺术殿堂,也是重要的社交场所,人员相对集中,不管认识与否都会不可避免地近距离接触。所以着装不仅是个人行为,也会对周围环境产生影响。观剧时,个人着装应与剧场作为艺术殿堂的环境氛围相协调,无论看什么演出都应着装整洁大方无异味,不宜穿背心、短裤、拖鞋入场。对于观看交响乐、芭蕾舞等高雅艺术的观众,其着装则更为讲究,除务必做到以上要求外,为表示对艺术家的尊重,一般应穿着比较正式的服装。比如男士穿西装打领带,女士穿典雅的时装等。

举止是一个人的文明行为准则。由于剧场是一个特殊的公共场所,为了不影响他人合理的观剧权,同时也使您自己能够得到完美的艺术享受,在观看演出过程中请遵守以下行为准则:(1)凭票入场、对号入座是最基本的要求。因为不同的区位票价高低不同,用低价的座位票坐高价票的座位会增加不必要的换座次数,影响更多的人观剧。(2)请勿将食品、饮料、塑料袋等带入观众厅。一般剧场休息厅都设有食品饮料部,观众可在开演前或中场休息时饮用,而塑料袋发出的声音也会影响别人观剧。(3)剧场是禁止吸烟的公共场所。卫生间同样不能吸烟。(4)观看演出时不要咀嚼口香糖。如果您在观剧前已经在咀嚼口香糖了,请您在进入观众厅前将口香糖包在纸内扔到垃圾桶里,千万不要随地乱扔。(5)尊重知识产权。未经许可不得私自录音、录像或拍照,严禁使用闪光灯。因为您购买了演出门票只是获得了现场观看权,并未获得录音、录像和拍照权,因此主办方有权制止上述行为。为了不在现场引起纠纷,影响演出正常进行,保护演员和大多数观众的权益,请您不要私自将录音、录像、拍照器材带入场内。(6)一般情况下,演出期间观众不能随意向演员献花,如有特殊情况应事先与剧院工作人员联系,获得同意后,在工作人员的带领下进行献花活动。

为了达到最佳的视听艺术效果,保持安静良好的演出观赏环境,是每一位观众共同的责任。具体有以下几点要求:(1)开演前应将手机设置成振动模式或暂时关机。在观看演出过程中一般不应主动打电话,如因特殊情况必须接听电话时,应告知对方,待曲目间隙或离开观众厅后再联系。对于演出环境要求严格的剧场一般安装了信号控制设备,观众在观众厅内无法接收信号。(2)在观剧过程中,不要与同伴聊天或对演员发表议论,更不能一时高兴跟着哼歌或手舞足蹈。(3)出于对艺术家的尊重和礼貌,对于演员的精彩表演应以掌声表示敬意,但不能大吼大叫或吹口哨等。演出中途不能鼓掌,应在一个曲目结束后进行鼓掌。(4)遇咳嗽或打喷嚏时,要用手帕捂住口鼻,以防飞沫飞溅到他人身上,如果要打哈欠,尽量不要发出声音,更不应因打呼噜发出巨响。(5)对于精彩的演出,希望演员返场是可以理解的,但由于不同艺术门类有不同的要求,演出前都有严格的、完整的演出方案。所以若希望演员返场,只能用持续、热烈的掌声来表示,而不能使用大喊"再来一个"等方式强行要求演员返场。一旦下一个节目的演员上场,观众应立即安静下来观看演出,否则就是极不礼貌的行为。

延伸阅读

感动后的遗憾

几天前,某报纸刊登了一篇十分有趣的文章。一对热爱艺术的祖孙在大剧院观剧,可爱的小女孩不时地提出各种有趣的问题,老人耐心地回答,引来旁边观众善意的笑声。说实话,作者文笔生动,文章妙趣横生,读时我也感动于这对祖孙对艺术的热爱和老人对孩子艺术心灵的呵护,但一个想法也突然涌上心头:啊!在剧场看演出时说话可不文明呀!这让我陷入深深的思考中。在我们的生活中,无论是会议上还是剧场演出中,经常出现台上讲演,台下交谈、走动的情况。新进场的人旁若无人地打招呼、说话,不懂得尊重人,这种现象不少,甚至也经常出现在名人和文化人身上。本人不止一次见到被招待的外宾在看京剧时,因受不了那震耳欲聋的音响及周边的人不停地说话而集体退场。

资料来源:程祥:《李光羲来信引发的剧场文明反思》,《北京晚报》,2012年11月26日。

演出结束后的演员谢幕是整个演出活动的重要组成部分,是演员表达对观众谢意的一种高雅的艺术文化礼仪。作为观众也应以礼相待,向艺术家表示敬意和感谢。不同的艺术形式,谢幕也有不同的形式和讲究。在演出过程中,每个节目或曲目结束后,演员都会向观众谢幕。但一些小型和比较简单的演出,有时不安排总谢幕。在这种情况下,观众应在最后一个节目谢幕时起立鼓掌,待演员退场后再自行离开座位,按顺序退场。一般情况下,大型演出和歌剧、话剧、舞剧、芭蕾舞等都会安排总谢幕程序。由于总谢幕的时间相对较长,由一般演员、次要演员到主要演员等依次谢幕,有时导演还特意把总谢幕编排成非常艺术化的程序,在这种谢幕的过程中,观众一般不宜站立起来,而应在座位上热烈鼓掌,到总谢幕结束,全体起立报以更热烈的掌声,待演员退场后或大幕开始关闭时再按顺序退场。交响音乐会的谢幕有独特的形式,其顺序与芭蕾舞等相反,一般是演出结束后指挥先谢幕,然后是首席谢幕,最后是全体乐手起立谢幕。退场也是指挥先退场,然后是首席,其他乐手依次退场。在谢幕过程中,观众应在座位上热烈鼓掌。交响音乐会一般会安排返场,返场后指挥也会再次上场谢幕,这种谢幕或返场有时会多达2—3次,所以欣赏交响音乐会时应在确认乐手离开座位退场后,观众再离开座位,按照顺序退场。

· 第 14 课 ·

景区礼仪

——文明游客是旅行中最美的风景

　　从马尔代夫的沙滩到阿尔卑斯的雪顶,从耶路撒冷的哭墙到玛雅文明的圣坛,中国游客的足迹遍布世界各地,在旅途中欣赏着世界的精彩。从出使西域的张骞到东渡日本的鉴真,从西天取经的玄奘到七下西洋的郑和,千百年来,中国人走出国门,世人也同样在感知中国、了解中国。泱泱大国,礼仪之邦。当你打点行囊出发前,别忘了提醒自己:文明出境游,为祖国代言。

　　旅游活动作为一种独特的生活方式,最明显的特征是异地性和暂时性,这一特征在游客行为上则表现出道德感弱化、责任约束松弛、占有意识外显等特点。"中国人,便后请冲水""请安静""请不要随地吐痰"……这种仅以简体中文标出的警示牌,正在中国人出境游的主要目的地国——法国、德国、日本、泰国、新加坡等地频现。当大批游客成为中国最新的"出口产品"时,"中国人"却成了不文明、粗鲁的代名词。近几年,一些中国公民的旅游陋习严重损害了中国"礼仪之邦"的形象,引起了海内外舆论的广泛关注和批评,人民群众反应强烈,也引起了中央高层的关注。2011 年 8 月 8 日,经中央政治局常委、政治局委员和中宣部部长联合批示的"提升中国公民旅游文明素质行动"宣告开始实行。有评论者指出,这是自1952年的"爱国卫生运动"和1981年的"五讲四美三热爱"活动之后,在中国大地展开的又一场自上而下的生活习惯改良运动。不同的是,前两次是社会内部的运动,而这一次是因国际交往而起。中国政府把这次行动与提升国家软实力和国际地位相提并论。2014年,访问马尔代夫的习近平主席在会见中国使馆工作人员时曾幽默地表示:要提醒我国公民到海外旅游讲文明,矿泉水瓶不要乱扔,不要破坏当地的珊瑚礁。

　　现在很多事物都被打上了"人为"的烙印,旅游也不例外。对于一些游客来说,自然风光和人文景观不过是他们打量、观赏的对象,对他们来说,旅游不过是"走马观花",只为证明他们曾经"占有"过某些景点。这不仅反映出当代人浮躁、功利、焦虑的心态,还透视出当代人旅游的目的已经"变味"了。人们不再追求身临其境地与自然和人文历史对话,也难以从中得到人生的感悟和情趣,难以体会到"天人合一"的意境,更难产生对大自然和历史的敬畏之情。一旦缺乏敬畏,破坏甚至亵渎景点的行为就可能发生。通过查阅一些资料,我才知道其实一些不文明、不道德的行为早已有之。英国旅行家乔治·沃尼斯特·莫理循在19世纪末出版了一部在中国的旅行游记《中国风情》。书中有这样一段记载:"太阳下山前,我们到达了繁荣的市镇杨林,我住进镇上一家设备较好的旅店楼上一间干净的房间里。这间客房的墙上潦草地写着'×××到此一游'几个汉字。有人告诉我说,这几个汉字是中国游客写的,滑稽地向他人表明他们曾经旅行到过此地。"

"到此一游"背后的几点思考

2013年,埃及卢克索神庙的浮雕被一名15岁的中国男孩刻上了"××到此一游"。此事立刻吸引中国国内和海外媒体的关注。

此事让国人无地自容,在网上形成声讨涂鸦者的巨大浪潮,最终当事者被"人肉"出来,个人信息也被公布了出来。

他人犯了错误或违法违纪,我们再用侵权或是违法的方式进行回应,只会陷入"以暴制暴"的困境,解决不了任何问题。每个国家的人都可能犯这样的错误,外界应该给予足够的成长空间。日本人、韩国人都经历过这一走向世界的文化冲突的过程。

游客在文物古迹、历史遗存上乱涂乱画,很可能会触犯法律。但是具体到现实生活中,却极少有人为此受到法律惩罚,这种"小罪不究"的管理思维,客观上助长了到处"题名留念"的行为。

资料来源:张建宏:《现代实用礼仪教程》(第2版),河南大学出版社2018年版。

出境游客的不文明现象除了与个别游客素质低、文明意识差有关,还与文化差异、生活习惯不同等因素有一定的关系,有关部门应"少一些文明公约,多一些具体指导"。每个国家和地区都有自己的文化背景、生活习俗,当不同的价值观、生活观相互碰撞时,难免会产生一些摩擦。比如不爱给"小费"、爱吃桌餐、爱敬酒等"失礼"行为是由不同的国情、文化及社会生活环境造成的。对于中国游客来说,出境旅游最好的办法就是入乡随俗,尊重当地的民风民俗、宗教信仰等,这样不仅会受到当地人的尊重与欢迎,还能把中国人的文明礼仪和友好态度传递给全世界。

出境游的文明行为准则有:穿戴整齐、得体,男士在正式场合不要穿短裤;不要踩踏坐便器,便后要冲洗;不要在博物馆里吃东西、喝水;切勿在禁烟和有冷气开放的场所抽烟;用餐时切勿浪费,饭后不宜当众剔牙;在禁止拍照的地方请勿拍照,在有关闭闪光灯标志的地方请自觉关闭闪光灯,给当地人拍照要事先征得他人同意;在博物馆里参观时把包放在胸前,否则一个转身就有可能蹭掉一件千年文物;自驾行时,安全第一,不逆行,不闯红灯;有些国家有收取小费的习俗,这是服务者的合法收入;自带牙刷与筷子;不要随意采摘花朵,不要轻易伤害小生命,不要近距离观察野生动物;野外如厕要找远离水源的地方,事后别忘记掩埋并带走厕纸;户外旅行时,要带走所有的垃圾,必要时要帮助捡拾别人留下的垃圾,若在丛林旅游,不要吸烟,以防溅落火星;潜水时不要抓取和带走海里的生物。

在景区宾馆住宿时,要注意以下行为规则:宾馆是专供住宿者休息的处所,因此,保持肃静被视为宾馆的基本规矩。在宾馆内部的公共场所,一定要注意降低自己说话的音量,走路轻手轻脚。即使在自己住宿的客房里,亦应保持安静,不制造与周围环境不和谐的噪音。大厅和走廊是宾馆生活中的主要公共场合,一定要记住,不要表现得像在自己家中一样,甚至穿着睡衣或浴衣转来转去。虽然打扫客房是服务员的工作,但是也不能因为有人代劳就不注重保持清洁卫生,废弃物要扔到垃圾筐里,物品尽量摆放得整齐有序。沐浴的时候,浴帘的下部要放到浴缸里面,不要把地弄湿了。用完之后,把自己落在盆里的头发拾起来。如厕之后,请及时冲水。如果你要连续住上几天,可以留一张纸条给客房服务员,告诉他们,床单和牙刷不必每天都换,牙膏和洗发水也可以等用完了再换新的。保护环境和节约地球资源是我们每个人的义务,这样的客人也一定会受到宾馆的尊重和欢迎。洗发水、牙刷、肥皂、信封、信纸之类的小用品可以带走,但要注意有些物品是有偿使用的,不允许随意带走,据为己有。"他乡遇故知"一定很棒,但不提倡房客在自己房间内会晤来访的人士,特别是异性来访者。在一般情况下,宾馆的前厅或咖啡厅,被视为住店客人会客的理想去处。若和其他旅客同住一室,应以礼相待,互相关照。晚上就寝不要太晚,以免影响室友休息。不提倡互不相识的住店客人相互登门拜访,随意去素不相识之人的住处串门,或是邀其一起进行娱乐活动,这都十分冒昧。

总之,旅游者要恪守公德、讲究礼仪、文明出行、文明游览,纠正在旅游过程中常有的陋习,让文明旅游成为自觉行动和行为规范;自觉遵守"中国公民出境旅游文明行为指南",尊重其他国家、地区,其他民族、宗教的文化习俗,避免因文化差异而导致的"不文明"行为,防止因个人行为给国家形象带来损害,努力展现我们"礼仪之邦"应有的风采。在开放的国际交流中,国民在异国他乡的公共行为也关系到国家形象,文明出游、入乡随俗、注意言行、讲究礼节等也是爱国的必然要求。

· 第 15 课 ·

赛场礼仪

——2022冬奥亚运礼仪抢先看

2022年,中国将会迎来两大综合性体育赛事:北京冬奥会和杭州亚运会。届时,无疑会有数以万计的观众涌入赛场观看比赛。有关赛场观众礼仪的提法现在还比较少。但现实情况是,很多比赛上,观众的不懂礼甚至失礼,不仅影响比赛的正常进行,甚至还有损国家形象。赛场中的诸多礼仪看起来是一件件小事,但因为赛场往往是各国媒体关注的焦点,一些所谓"小节"问题,不仅代表着个人,还代表着一个群体、一座城市甚至一个国家的形象。所以,从这个角度来说,遵守赛场礼仪、做文明观众是必要的。

延伸阅读

赛场上的不和谐音符

在体育比赛中,观众能否具备专业的眼光来观赏体育比赛,文明地遵守赛场礼仪,是反映一个国家文明水平的标志。但令人遗憾的是,体育赛场内却时时演奏着不和谐的音符。

　　"请各位关掉手机或者调为振动,谢谢合作!"2004年5月30日,国际女子网球挑战赛通辽站女单决赛开场前一分钟,主裁判向观众发出请求。现场立刻有人开始行动,也有人不为所动。比赛刚开始,"嘀——嘀——嘀",网球馆内某个角落的手机铃声打乱了赛场节奏,其他手机也不甘示弱地纷纷发出"警报",千奇百怪的音乐声随着网球的飞舞间断性地此起彼伏。主裁判不得不暂停比赛,再次强调:"在观看比赛时,请您关掉手机,谢谢!"但没有几个人配合。有的人自认为距离赛场较远,手机依然不断地发出声音。好几次铃声大响时,场上运动员发球时都停下动作,站在场上无奈地等着。第二盘第8局是中国选手李娜的发球局。就在她发球前,球馆中突然铃声大作。李娜忍不住说了句"能不能把手机关上"之后,无奈地摇了摇头。而手机主人仅把手机关了不到一个回合便再次开机,且都发出较大的声响。直至比赛结束,铃声仍不断充斥着球馆。

　　2005年3月底至4月初,世界斯诺克台球职业排名赛首次落户中国,该赛事最终以中国台球神童丁俊晖夺冠谢幕。但在一周的比赛时间里,中国观众的表现却令人担忧,不仅国内多家主流媒体对赛场的闪光灯、手机声及乱鼓掌发表了评论,就连美国《新闻周刊》的中国专题报道也有提及。决赛中,在关键的第13局,此前以5比7落后的亨得利瞄准击球的一瞬间,面对着他的观众席上的闪光灯猛然一闪,球打"疵"了。亨得利回到休息室后一句话不说,脸气得通红。丁俊晖在决赛中也受到了闪光灯的"照顾",他只好站起身来,休息一下被晃花的眼睛,再重新瞄准。

2006年12月5日,在多哈亚运会羽毛球男团半决赛中国队与印度尼西亚队的比赛中,由于印尼观众占绝大多数,这使得印尼观众的助威声完全盖过了中国观众的声音。也许是印尼观众的情绪激起了一部分中国球迷的"反抗"心理,当比赛进行到第三场,由中国选手陈金对印尼的西蒙时,裁判出现了几个明显的误判,这使得部分中国观众开始借机发泄不满情绪,齐声以"国骂"攻击裁判。印尼观众中可能有部分人能听懂中文,因此他们听到中国观众的"国骂"后,纷纷对中国观众做出拇指朝下的手势,并以嘘声回应。这种局面反倒使其他中国观众处在了难堪的境地。

资料来源:张建宏:《现代商务礼仪教程》,国防工业出版社2011年版。

任何比赛,观众都是赛场的重要组成部分,如果没有观众,比赛就失去了意义。观众观看比赛有两个层面的活动:一个是欣赏,欣赏运动员优美的技术动作,欣赏运动员之间浑然天成的战术配合;另一个就是参与,观众在看台上摇旗呐喊、助威加油,场上场下融为一体。观众通过参与,在宣泄情绪中得到满足。赛场上,观众与运动员之间的互动是十分重要的,良性的互动能够使运动员振奋精神,更好地投入比赛。然而这种互动对于不同的运动项目是有所不同的。这种互动有两种。一种是有节制的互动,比如网球、高尔夫球、马术等项目,需要相对安静的比赛环境。在这种环境下,观众应该保持礼仪,根据比赛规则恰到好处地给予掌声。另一种是比较热烈的互动,比如足球、手球、篮球等项目,啦啦队可以尽情地"折腾",不论是喊声震天,还是全场制造人浪,都不为过。

现场观赛礼仪有这样的基本要求:(1)提前入场、有序退场。尽量提前入场,对号入座,主动礼让老、弱、病、残、幼,要等比赛完全结束后再有序离场。(2)热情喝彩、鼓励各方。观众应关注比赛过程,欣赏运动技巧,无论胜负,都应对所有参赛运动员的精彩表现报以热烈掌声,予以赞赏鼓励。(3)尊重国歌、表示敬意。要对各国运动员在比赛中的表现给予应有的礼遇,各项比赛升国旗、奏国歌时,作为观众应肃立致敬。对于各国的国旗、国歌,都应同样尊重。(4)举止得体、行为理智。观赛时不要随意走动,不吸烟,不吃带响声的食物,不乱抛垃圾杂物;不说脏话,不喝倒彩,不嘲讽、侮辱运动员、教练员、裁判员及其他观众;不损坏公共设施,理智对待输赢。

观看室内游泳比赛时,因为赛场内非常湿热,有些观众的着装就会比较暴露,有的甚至直接光着膀子看比赛,这些都是非常不礼貌的观赛行为。裁判员发令时,不可鼓掌欢呼或发出噪音,以防运动员弄混发令声。游泳比赛时,如果观众的加油助威声能与运动员的划水节奏结合在一起,对运动员来说,能起到一种很有效的辅助作用。对于仰泳选手来说,最怕的可能就是热情观众手里的闪光灯了。强烈的闪光会刺激到选手,从而对比赛造成莫大的干扰。观看跳水比赛与观看游泳比赛的礼仪基本相同。在运动员走上跳板或跳台时,应保持安静,以免干扰运动员的起跳和比赛节奏。当运动员漂亮地完成动作后,可以大声喝彩和热烈鼓掌。若运动员不慎动作失误,也应给予鼓励的掌声。观看水球比赛,既要看运动员如何克服水中的阻力进行进攻防守,也要观察运动员之间的战术配合。比赛进行中不应走动,在每节比赛结束时才能走动。作为女子项目的花样游泳,由自由泳、技巧、舞蹈和音乐编排而成,是一种艺术性很强的项目,有"水中芭蕾"之称。观赛时,观众可以将其作为艺术表演来欣赏。当运动员完成一个漂亮动作时,可以鼓掌欢呼表示赞赏,不必担心叫好声会盖过音乐声,干扰运动员的正常发挥。因为即使运动员潜入水中,也可以通过水下的扬声器听到音乐。

相比其他体育运动,观看花样滑冰比赛更像是前往艺术馆欣赏一场高雅的演出。现场欣赏花样滑冰,有着独特的观赛礼仪:(1)观众最好提前入座,营造和谐的气氛。运动员已经入场或比赛正式开始后,观众应该安静,否则会影响选手进入比赛状态。如果迟到,尽量不要在运动员比赛时找座位,等这套动作完成后再入座。(2)若想在比赛中拍照,必须关掉闪光灯。花样滑冰比赛中,运动员经常会做一些高难度的动作,比如双人滑中的抛接等,如果选手正在做这些难度动作的时候被看台上的闪光灯晃了眼,就很有可能发生危险。(3)鼓掌和喝彩要选择合适的时机。当选手摆好开场姿势准备开始表演时,观众应该安静下来,以便选手进入比赛状态,当选手完成了高难度的动作之后观众可以给予掌声和喝彩。运动员失误时不要鼓掌,比如单人滑选手有时会摔倒,观众发出惋惜的声音是自然的,但如果鼓掌就不太礼貌了,不过摔倒以后再继续表演,观众给予掌声则是很好的支持。滑冰选手的最高荣誉是,在节目结束后,全场观众起立鼓掌。(4)抛掷毛绒玩具或鲜花是花滑运动的一个惯例和习俗,但礼物和鲜花一定要用透明的包装纸包装严密,如果花瓣或细小的绒毛散落在冰面上,没有得到及时的清理,选手的冰刀滑到上面就非常容易出危险。毛绒玩具往往是礼物的首选。(5)当运动员等待分数时给您做表情或打招呼时,请给予回应。当运动员回到冰场的等分区即在座位上和教练、领队等一起等待分数时,体育馆的大屏幕会回放运动员比赛中的动作慢镜头,观众们可以趁机回味一下运动员刚才的表现,如果哪个动作特别精彩,掌声同样是对选手最好的回报。

・第 16 课・

言语沟通礼仪

——谈吐文雅,舌灿莲花

言语沟通能力是人的必备能力,每个人每天都在与家人、同事或朋友沟通。言语沟通能力既是一种最基本的生存能力,又是一种可持续发展的能力,是职业能力中的关键能力。因此,掌握有效沟通的技巧,是彼此取得了解、信任,消除误解与分歧,产生和谐,排除阻力的良方。

延伸阅读

沟通的技巧

《甄嬛传》里有如下一段对白。

曹贵人:皇上平日里喝的都是莲子汤,这新鲜的莲子,臣妾已经剔除莲心,别有一番滋味。

雍正:嗯,果然如此,只是这莲子没了莲心,倒也少了一番风味。

曹贵人:莲子之心最苦,旁人不能体会,所以便剔除了。

雍正:莲子的心已无,但你怜子之心却是良苦。

怜子之心,不仅母亲有,父亲也有,难为你剥了这么久,你既细心,又有耐心,华妃到底没有生养过,你自己的孩子自己带回去带吧。

曹贵人:谢皇上。

华妃一直没生养,为了博得皇上的注意,将曹贵人的女儿温宜据为己有。曹贵人位份低微,敢怒不敢言,只能费尽心思寻找机会。此处,曹贵人不惜手指甲被伤,亲自剥除莲心,将莲子进献给皇上,以既细心又有耐心的方式表达自己对皇上的关心。皇上觉得味道的确不一样,大加赞赏,同时又发出一些感慨:"只是这莲子没了莲心,倒也少了一番风味。"曹贵人立即回答:"莲子之心最苦,旁人不能体会。"以"莲子"暗喻"怜子",成功地让皇上顺着她的思路与之交谈,触动了皇上的爱女之心,最后应允其抚养自己的女儿。

如果曹贵人以直白的语言和皇上交谈,"皇上,温宜是我的女儿,我放心不下她,我要自己抚养",曹贵人的初衷没变——想要回自己的女儿,这是真实的意愿,但效果会大大不同。且不说飞扬跋扈的华妃听到曹贵人这番忤逆她的话会有何反应,皇上也必定很生气:其一,让华妃抚养温宜是其应允的,曹贵人这样说等于说皇上不英明,这是大不敬;其二,皇上碍于华妃的哥哥年羹尧的面子,不好怪罪华妃,但又要维护其九五之尊的面子。在这种情景下,皇上很有可能会做出如下的答复:"华妃将温宜视如己出,你却不知感恩!曹贵人你可知错?"曹贵人轻则遭到皇上冷落,重则遭杀身之祸,要回自己的女儿,更无从谈起。相比之下,曹贵人轻松、婉转语言之妙用，着实了得。

资料来源：石金媛：《〈甄嬛传〉语言魅力的实现》，《北华大学学报》（社会科学版），2014年第12期。

过去，中国人常以"吃了吗？"问候人，现在使用频率低了，觉得它土、过时了。其实，这种问候只不过是一种招呼，至于对方是否吃过饭，并不重要。类似这种"词不达意"的问候语言，其他国家也有，如在阿拉伯游牧国家，人们见面常用的问候语是"牲口好吗？"不了解当地风俗的人猛一听到这种问候，肯定会不知所措。不过，时代在发展，各国人民交往日益广泛、紧密，问候语言互相借鉴，国际上逐渐形成某些通用的问候语言，如"您好！""大家好！""早晨好！""晚上好！"等。但是，这并不妨碍保持民族传统。中华民族问候语言丰富，如"久仰""幸会"等，文雅、富有表现力，完全上得了台面。值得注意的是，汉语问候语一般比较细致具体，如看到熟悉的人走过，会问"到哪去？"；看到夹着皮包回家的人，会问"下班了？"；看到提着菜篮去菜市场的人，会问"买菜去？"；等等。可是，西方人对我们这些问候语言难以理解和接受，认为这是明知故问，没话找话，觉得没有意义，还有打探别人隐私之嫌。另外，迎接刚下飞机的客人，我们会问候人家"一路上辛苦了！"，他们往往会感到不解，路上挺好的，不辛苦！再就是，"天冷，穿暖和点，别着凉感冒了！"，在西方人听来，这是母亲嘱咐小孩子的话。总之，中西问候语言有诸多不同，同他们接触中，随时都应留意，不要生搬硬套。

《礼记·仪礼》载："言语之魅，穆穆皇皇。"就是说，对人说话要尊敬、和气，谈吐文雅。文明的语言是中华文明的重要组成部分。1595年，意大利人利玛窦曾到南京。在南京居住期间，利玛窦广交各界名流，给南京市民留下了谈吐文雅的印象。要善用礼貌用语，如您好、请、谢谢、对不起等。如果你有说脏话、粗话的毛病，一方面，要随时注意约束自己；另一方面，可请周围的人特别是自己的亲人和好朋友提醒自己、监督自己。只要坚持不懈，坏习惯是可以改掉的。要克服个人情绪对自己的干扰，高兴时用礼貌用语，不高兴时也要坚持；称呼他人，关系好时和有了矛盾时一个样，不要让不良情绪影响礼貌用语的使用。要做到家里和外面一个样，私下和公开场合一样，不能在职场中对人彬彬有礼，回到家就满口粗话，也不能在公开场合谈话时有礼貌，私下交谈时则满嘴粗话。

在交谈中，使用敬语、谦语和雅语能体现出一个人的文化素养及尊重他人的良好品德。称呼对方应多用敬语，如称呼对方为"您""先生""小姐"等；对自己可多用谦语，如称自己为"学生""晚辈"等。在议论某人的长相时，可把"肥胖"改说成"丰满"或"福相"，"瘦"则用"苗条"或"清秀"代之。

要让自己的声音富有吸引力，展现出独特的个人魅力。无变化的声音是单调的，如同催眠曲，令人进入精神抑制状态，达不到交谈的目的。因此，在与人交谈时，我们应根据谈话内容的变化，适当调整音调的高低，给人抑扬顿挫、高低变化的感受。谈话时，音量的控制也非常重要。太大的声音会让人反感，以为你在那里装腔作势；音量太小会使人听不清楚，以为你怯懦。一般来说，我们应根据听者距离的远近来调节自己的音量，达到最适合的状态。说话时一直保持同一种语速会使人产生听觉上的疲劳，打不起精神。因此，在与人交谈时，我们应把握说话的语速，不要太快或太慢，应追求一种有快有慢的节奏感。在主要的语句上放慢速度作为强调，在一般的内容上稍微加快变化。

当我们从脸部表情、动作、言辞都无法掌握对方的心态时，往往可从声调去揣摩其喜怒哀乐等情绪的变化。可以说，声音是洞察人心的线索。它不仅能表现出一个人的性格，甚至连这个人是俗是雅、是贵是贱、是刚是柔、是智是愚都能从声音上听出来。有人讲,心动为性,性分为"神"和"气",而性发成声。意思是说,声音的产生依靠空气,又和说话者当时的心理活动密切相关,轻重、长短、缓急、清浊的变化与人的特性是息息相关的,这是听声辨人的基础。

　　与陌生人初次交谈能否顺利,关键在于能否找到自己与陌生人之间的共同点。从共同点入手,往往会使谈话更加顺利、愉快。寻找共同点,首先要善于观察对方的服饰、谈吐、行为举止等方面,从中捕获信息。与陌生人见面时,如果有人介绍,可以从介绍语中猜度彼此的共同点。例如,在朋友的酒会上,主人会为你介绍新朋友,说明双方与主人的关系,各自的身份、工作单位、爱好等。这时,你可以从中寻找共同话题,例如你们都是某健身馆的会员,或者你们都是主人的同学,或者你们的孩子在同一所学校读书。这时,马上就围绕这个突破口进行交谈,相互认识和了解,直至双方变得亲热起来。发现自己与陌生人的共同点是不太难的,随着交谈内容的深入,共同点会越来越多。为了使交谈更有益于双方,必须一步步地挖掘更深层次的共同点。

延伸阅读

能引起话题的名胜、名人、名品

　　1. 北京能引起话题的名胜、名人、名品

　　名胜:八达岭长城、故宫、周口店北京猿人遗址、天坛、颐和园、天安门广场、北海、景山、明十三陵、雍和宫、世界公园、中关村科技园区、王府井世纪坛、长安街、胡同游

　　名人:鲁迅、宋庆龄、郭沫若、梅兰芳、老舍、徐悲鸿、曹雪芹、茅盾

名品：京剧、老舍茶馆、烤鸭、涮羊肉、豆汁、臭豆腐、果脯、茯苓夹饼、同仁堂、牙雕、玉雕、景泰蓝

2. 上海能引起话题的名胜、名人、名品

名胜：豫园、玉佛寺、龙华寺、浦东、杨浦大桥、一大会址、外滩、上海博物馆、东方明珠、上海大世界

名人：孙中山、鲁迅、宋庆龄、赵丹、白杨、谢晋、巴金、余秋雨

名品：南京路商场的衣服、皮鞋，豫园商场的梨膏糖、五香豆、点心

3. 天津能引起话题的名胜、名人、名品

名胜：水上公园、古文化街、广东会馆、宁园、南市食品街、黄崖关长城、大沽口炮台、大悲院、盘山、独乐寺

名人：泥人张、风筝魏、马三立、冯巩

名品：小站米、狗不理包子、大麻花、锅贴、锅巴菜、果仁、炸糕

4. 重庆能引起话题的名胜、名人、名品

名胜：红岩村革命纪念馆、大足石刻、歌乐山烈士陵园、长江三峡、枇杷山公园、南温泉公园、宁河小三峡

名人：重庆谈判时的毛泽东、周恩来、张治中

名品：柑橘、重庆沱茶、漆器、药材（天麻、贝母、虫草、杜仲）、火锅、嘉陵江牌摩托车

资料来源：王连义：《幽默导游词》，中国旅游出版社2003年版。

不论交谈的主题是否与自己有关，是否有趣，都应热情投入、积极

合作。万一交谈中出现冷场,应设法打破僵局。常用的解决方法是转移旧话题,引出新话题。一般情况下,男子不要加入女士圈内的议论。谈话内容一般不要涉及疾病、死亡等不愉快的话题,不能谈论朋友的身体特征,不能嘲笑其他人的糗事,带有违背社会伦理、黄色淫秽、政治错误的话题,也不适合交谈。

说话要看对象,因人而异。因此,表达者要了解听话对象的性别、年龄、文化教养、个人经历、职业特点,甚至气质禀性、心理特征、兴趣爱好、语言习惯等。说话还要看场合,不可说与特定场合不协调的话。比如在庄严的场合,使用口语表达宜庄重;在轻松的场合,使用口语表达宜轻快;在悲伤的场合,使用口语表达宜略带忧伤。

社交中,难免遇到应该拒绝别人的场合。如果处理不好,可能让别人没面子,甚至反目成仇、心生嫉恨。巧妙的拒绝可以轻松化解不悦,让人识得进退,不好意思太过难为你。

在人际交往中,多听少说,善于倾听别人讲话是一种高雅的素养。大多数人都乐于滔滔不绝地表白自己,而忽略了别人。优秀的倾听者应该能够克制自己,多听别人说,而自己少说。在别人说话时,尽量耐心听,等别人说完了自己再说,避免打断说话者。在倾听时,目光要注视对方,不要左顾右盼,应该尽量避免伸懒腰、看表、心不在焉地翻阅文件、乱写乱画等动作,这样会使说话者认为你对他讲的话题不感兴趣,也会使你的精力不集中。优秀的倾听者会对所听到的信息感兴趣。那么,通过你的动作和表情把你的兴趣表现出来吧!在倾听时进行提问,可以使自己更准确地理解内容,还会增强交流者双方的互动。用自己的话重复所听的内容,既可以使自己的注意力集中于交流内容上,也可以检验自己对所听内容理解的准确性。

·第17课·

赞美与幽默

——人际关系的润滑剂

常言道:"良药苦口利于病,忠言逆耳利于行。"我们中国人不太习惯赞美别人,习惯于把对别人的赞美埋在心底,总是喜欢通过批评别人来"帮助别人成长"。其实,这个想法是错误的,赞美比批评带给别人的帮助要大。赞美是人际交往中最能打动人心的语言,赞美之词犹如照耀人们心灵的阳光,让人感觉温暖而惬意。日本对于其经济在"二战"后迅速发展的原因解释是:"我们日本国民的一大优点是,对外人不停地鞠躬,不停地说好话。"可以说,善于发现别人的长处,善于赞美别人是日本成功走向世界的一个重要原因。

当然,如何适时、适当地赞美别人不是一件易事,一定要掌握一些赞美的技巧:(1)赞美要发自内心。有很多人在赞扬别人时会感到羞涩,不好意思开口。其实,这没什么难为情的,只要真心表示自己的敬意就行,而那些平凡朴素的语言往往比华丽的辞藻更能打动人心。(2)赞美要适度。赞美并非溜须拍马,要真诚地赞美而不是谄媚地恭维,要注意分寸,掌握好"度"的问题。赞美过了头,不仅会让对方无所适从,还会引起在场其他人的反感。只有态度真诚,赞美才能显得自然,别人才会对我们的赞美感兴趣,我们的赞美才能获得理想的效果。(3)

赞美要因人而异。俗话说:对症下药,量体裁衣。恭维也要"因人而异"。在爱漂亮的女孩面前,赞美她的打扮。在上班族面前,赞美对方的工作绩效。对于男人,最好从工作入手,称赞他的能力。年轻人总希望以为前途无量,如果举出几点证据证明他的前途不可限量,他一定十分高兴;如果称赞他父母如何了不起,他未必高兴。对于文人,你如果说他学有根底、笔下生花、思想深邃、宁静淡泊,他一定喜不自胜。现实生活中,还有不少有识之士喜欢"直言不讳",你越是指出他的不足,他越喜欢你,而你越恭维他,他却越讨厌你。同这类人交往时,恭维是需要慎之又慎的。(4)赞美要"雪中送炭"。生活中,最需要赞美的不是那些早已功成名就的人,而是那些因才华被埋没而产生自卑感或身处逆境的人。他们平时很难听到一声赞美的话语,一旦被人当众真诚地赞美,便有可能振作精神、大展宏图。因此,最有实效的赞美不是"锦上添花",而是"雪中送炭"。(5)赞美要翔实具体。在日常交往中,我们经常听到这样的赞美词——"你这个人真好""你这篇文章写得真好"等。究竟好在哪些方面,好到什么程度,好的原因又何在,却不得而知。赞美要热情具体,缺乏热诚的、空洞的称赞,并不能使对方高兴。赞美用语越翔实具体,越能说明你对对方的了解,越能看出你对他的长处或成绩的看重。这能让对方感到你的真挚、亲切和可信。

延伸阅读

"评说"式赞美

明知对方在面前,却佯装不知,在背后真诚地对其进行好的评价;为鼓励其在某些方面更有长进就多把赞美之词送给对方,都是赞美的好办法。

古时候，一个叫彭玉麟的官员，有一次路过一条狭窄的小巷，看见一个女子正在用竹竿晾晒衣服。她一不小心把竹竿掉下，正好打在彭玉麟的头上。彭玉麟勃然大怒，指着女子大骂起来。那女子一看，认出是官员彭玉麟，不禁冷汗冒了出来。但她急中生智，正色道："你这副腔调，像行伍里的人，这样蛮横无理。你可知彭玉麟就在此地做官！他清廉正直、文文雅雅，假使我去告诉他老人家，怕要砍了你的脑袋呢！"彭玉麟一听这女子夸赞自己，不禁喜气上升，马上意识到自己的失态，于是心平气和地走了。晒衣女子急中生智，佯装不认识彭玉麟，采用"评说"的方式夸赞彭玉麟，斥责对方蛮横无理。这种方式胜过当面夸赞，说得彭玉麟心里美滋滋的，转怒为笑，可见效果多好。

火车上，一位年轻的母亲抱着孩子挤进了车厢。在几乎身无立锥之地的情况下，她身旁的一张长椅上却躺着一个佯装睡觉的青年人。不懂事的孩子老是吵着："妈妈，我要座椅！妈妈，我要座椅！"这位年轻的妈妈略微沉思了一会儿，大声对孩子说："好孩子，别再吵了。叔叔累了，等叔叔休息一会儿，他会让给你坐的。"果不其然，年轻妈妈话音刚落，小青年就起身给这母子俩让座了。这位年轻母亲能理解和尊重躺在长椅上的小青年，采取主观评说的方式说"叔叔累了，需要休息"，还说"他会让给你坐的"。这句话中的"会"，是心甘情愿、毫不勉强的意思。而这个"会"是年轻母亲迫使他"会"的，认为他也想得到尊重、获得一个好的名声，就间接地把赞美词"会让给你坐的"送到小青年身上，顺利地达到了目的。假如年轻母亲用"理论"的方式要那个青年让座位,说"坐的地方都没有,你还在这睡?!起来吧",接下来的情景会怎样,可想而知。

资料来源:汪龙光:《能言善辩的心理学》,新世界出版社2009年版。

如果把"赞美"运用到企业管理中,就是人们常说的"零成本激励"。作为领导,首先应该明白自己员工的心理;其次,学会赞美下属。美国著名女企业家玛丽·凯曾说过:"世界上有两件东西比金钱更为人们所需要——认可与赞美。"金钱在调动下属们的积极性方面不是万能的,而赞美恰好可以弥补它的不足。因为生活中的每一个人都有较强的自尊心和荣誉感。你对他们的真诚的表扬与赞同,就是对他们价值最好的承认和重视。作为领导,能真诚地赞美员工,可使员工的心灵深处得到满足,并能激发他们潜在的才能。打动人最好的方式就是真诚的欣赏和善意的赞许。要使人们始终处于施展才干的最佳状态,唯一有效的方法,就是表扬和奖励。批评使人知道什么是错的,但常常让人不知道什么是对的;表扬直接告诉人们什么是对的,尽管他可能不知道什么是错的。因此,表扬比批评更直接、更有效。

在现代人际交往中,幽默感越来越重要,甚至被誉为没有国籍的亲善大使。无论你从事什么职业,幽默都能使你顺利地渡过难关,在社交场合建立起和谐的人际关系,让你成为一个能克服障碍的、乐观的、能得到别人喜欢和信任的人。我们都喜欢幽默的人,但并不是每个人都会使用幽默。然而,幽默是可以习得的,只是需要掌握一定的技巧。

心中充满快乐和趣味思想。对生活丧失了信心的人不可能再运用幽默的资源。整天垂头丧气的人也无法体会幽默的妙用。因此,能够幽默的人首先应该对生活充满期望和热爱,自信地对己对人,即使身处逆境,也应该快乐起来。要使自己变得幽默,快乐是幽默的源泉。保持快乐,不仅可以常给自己幽默,还可以让别人幽默起来。怎样才能保有"快乐"呢? 秘方之一是自娱自乐。这一点每个人都会,但最好不要应付了事。即使心情忧郁,也要找点自己愿意做的事,给情绪添点欢乐的色彩。"'趣味思想'这四个字意味着精神鼓励,可以缓和焦躁的症状。它是一种态度、一种心境,其重要价值在于帮助我们以真实的自我来生活。"艺术家兼演说家毕更斯这样解释趣味思想。趣味思想能有力地化解怨恨,拥有幽默力量的人可以随意想想事情趣味的一面,就不会怨天尤人、自寻烦恼。

睁大眼睛,竖起耳朵,收集幽默的资源。幽默是可以学习的,因此为了开发自己的幽默资源,就必须先进行"投资"。多读些民间笑话、讽刺小说,多看一些喜剧,多听几段相声,随时随地收集幽默笑话。你可以将幽默、有趣的文章剪贴,并加以分类归档。周围的世界充满了幽默,你得睁大眼睛并且竖起耳朵,去倾听,去寻找。这里有一则生活中极幽默的广告语:"欢迎顾客踩在我们身上!"这是瓷砖和地板商店门口的广告。

提高观察力和想象力,善于运用联想和比喻,善于从另外角度看问题。人们听话的时候,都有一种心理预测,你说了上一句,他心里已经在预测你下一句要说什么。如果所讲的果然"不出所料",他会感到平淡无奇,甚至索然无味;如果所讲的"出乎意料",并令他感到新鲜奇妙,幽默感便应"话"而生了。

幽默若运用得好,自然妙趣横生、效果良好,如运用得不妥,则会降低幽默艺术的功效,甚至产生副作用。人性中有一种弱点,即大都不愿被人当作取笑的对象,尤其是有心理和生理缺陷的人在这方面特别敏感。如果你能主动把自己作为笑的对象，那么就能避免暴露上述弱点。成功的幽默经常是自嘲的。说笑话时，真正安全和适宜的话题还是你自己。不少人认为话题还可以扩展到自己的配偶、父母或孩子身上，但切记别"走"得太远了。戏谑、调侃是一种攻击性比较强的幽默方式，在人际交往中，这种幽默适用人群较窄，只适用于关系密切、亲近的双方之间。在使用这种幽默时，要找好对象，确保彼此之间相当熟悉、关系密切。

中国古代有一本专门研究笑的专著叫作《半庵笑政》，其中有一篇"笑忌"，除了指出切忌"刺人隐事""笑中刀""令人难堪"以外，还特别指示：不可"先笑不已"。因为幽默的趣味既不是一种单纯的情感，也不是单纯的智慧。它是一种复合的东西，其中包含着荒诞与机智、同情与隔膜之间的对比或反差，一面讲，一面笑，就减弱了这种反差，明明很可笑，而讲故事的人却显出很笨拙、很迟钝的样子，无疑就增强了其中的反差，自然也就增强了幽默的功能。法国作家萨马·吉特里在评论卓别林时这样说：卓别林使我们笑得热泪盈眶，他能令人不得不笑，他能使安格鲁人、撒克逊人、拉丁语系人、斯拉夫语系人、中国人、黑人，以及老老少少的人都发笑。然而他的幽默并不是完善的，因为有一个人从来不笑，这个人就是卓别林本人。吉特里在这里用俏皮话说出了他对卓别林的最高赞赏。

· 第18课 ·

馈赠礼仪

——礼轻情重,送礼送到心坎里

礼品是礼仪的唯一物质载体。送礼作为一种特殊的社会现象,有着非常悠久的历史。远古时期,人们在祭祀时,除了用规范的动作、虔诚的态度向"神"表示崇敬和敬畏外,还将自己最有价值、最能体现对"神"敬意的物品(即"牺牲")奉献于神灵。也许从那时起,在礼品的含义中,就开始有了物质的成分和表现了。

根据保存的期限来划分,礼品一般分为两大类。"一次性"礼品,指那些保存时间较短、只能使用一次的礼品,如糖果、鲜花、电影票等。"永久性"礼品,指那些可长期保存、反复使用的礼品,如首饰、图书、摆件之类。前者经济实用,后者则礼重意深,可以根据对方的实际情况灵活选择。

拜访、约会等一般性的交际活动,给对方带一些鲜花、特产等物美价廉的小礼品就可以了。如果对方是家人或挚友,并且时常来往,即使什么都不带也不算失礼。亲朋好友的大喜之日,比如说,长辈过寿、同事结婚、朋友生子,我们应选择一些较为高档、精美的礼品送给对方。

通常白领男士比较喜欢领带、衬衫、袖扣、皮夹、钢笔、记事簿、公文包一类兼具装饰性、实用性双重功能的礼品。而作为白领丽人,喜欢的则大都是鲜花、化妆品、服装和首饰。子女送礼品给父母,不管送什么都会使父母感慨万分,要是在了解父母愿望、志趣的基础上行事,效果会更好。对于其他长辈,送礼要表示自己对其尊重、敬佩的诚意。对于男士,可以送一些畅销书、盆花、茶具、收藏品,供其怡情养性。对于女士,则可以送一些衣料、补品。长辈送东西给晚辈,既要经济实用,又要寓意深刻。情侣或夫妻之间互赠礼品,重在酝酿一种温柔的情调,其中只要饱含着柔情蜜意,就能够使对方深受感动。送给孩子的礼品,应以启发其智力、强壮其身体、调动其学习兴趣为出发点,但对于幼儿来说,则应该送糖果、卡通玩具、小衣服。送海外来宾的礼品,应当选择一些带有浓厚地方文化色彩和富有纪念意义的物品。

礼物并不是越贵重越好,只有真心诚意地认真挑选,结合自己的实际情况量力而行,才是挑选礼品的正确操作。挑选时,对方的性别、年龄、婚否、习俗、教养、嗜好和实际需要等都应考虑,还应尽量选择新颖、别致、富有创造性、实用的礼品,若是对方钟爱的东西那就更好了。不要买会让对方觉得有压力的礼品,或是匆匆地随便买一件敷衍了事。西方人常在他们有可能接受礼品时,事先列出愿望清单,给预备送礼的亲友当作参考,但在我们国内这种做法暂时还行不通。

送老年人不能选钟表和鞋子,送恋人不能送雨伞,送友人不能选刀剪或药品等,这些是咱国人的老规矩。孔雀与仙鹤在国内都有很好的寓意,可在英国,孔雀却成了祸鸟,在法国和东南亚一些国家,仙鹤更代表着淫荡。这些文化差异我们在送礼时应该注意。

延伸阅读

送礼先问禁忌

国内有家旅行社在一次接待来我国旅游的意大利代表团时，特意为来华的意大利客人在著名的丝绸之都——杭州，订购了一批纯蚕丝的、绣有菊花图案的手帕，准备在迎接客人时作为礼物送给他们。没想到，客人接到手帕后一片哗然、议论纷纷，还显出十分不高兴的样子。特别是一位夫人，大声叫喊，表现得极为愤慨。原来，在意大利和一些西方国家有这样的习俗：亲朋好友告别时才送手帕，手帕意为"擦掉惜别的眼泪"。而客人刚刚到达，你就让人家"擦掉惜别的眼泪"，人家怎么能高兴呢！再有，菊花在中国是高雅的花卉，但在意大利则是丧花。人家又怎能不气愤呢？

国内一家外贸公司与印度某商贸公司做成了一笔生意，为表示合作愉快，加强两公司的联系，努力成为密切的商业伙伴，中方决定向印方赠送一批具有地方特色的工艺品——皮质相框。中方向当地的一家工艺品厂定制了这批货，这家工艺品厂也如期保质保量地完成了。当赠送的日子临近时，这家外贸公司的一位曾经去过印度的职员突然发现这批皮质相框是用牛皮做的，这在奉"牛"为神明的印度是绝对不允许的，很难想象如果将这批礼品赠送给印方会产生什么样的后果。幸好及时发现，这家外贸公司才没有犯下错误，造成损失。

资料来源：张建宏：《现代商务礼仪教程》，国防工业出版社2011年版。

各国在礼品的数目上都有自己的讲究,我们中国讲究"喜礼"送双数,"丧礼"则送单数。非洲不少国家也和中国一样,认为单数带有悲观、消极的色彩。日本人的看法却恰恰相反,他们认为单数代表幸福吉祥,却对双数不感兴趣。在中国,"6"与"8"最受国人欢迎,对于"4"一般都是能避就避。在日本,"4"与"9"这两个数目也是不受欢迎的。在西方国家里,"13""666"等数目是不幸的象征,大家对它们也有所忌讳。

若非直系亲属,不宜以现金或有价证券作为礼品相赠,否则会令受赠者处境尴尬。除名贵的土特产以外,一般食品不宜送人,特别是在正式的场合里。香烟、麻将这些会引起受赠者家庭不和的礼品也不宜送。

精心的礼品包装能让对方感受到自己所受到的重视,为礼品添光加彩,国外许多地方花在包装上的费用甚至还占了送礼总支出的二分之一。日常交往中,礼品的包装不必过分奢华,但不论礼品本身是否装在盒子里,都应选择专用的礼品纸在礼品外部精心包装,再用彩色的丝带在外面系上梅花结或蝴蝶结。如果是让人转送或是邮寄礼品,应亲笔写上一份礼单,装入大小相当的小信封中,信封上只写对方的姓名,不写地址,然后将信封放在礼品的包装上方。

一般对他人精心选赠的礼品是不应拒绝的,可以在接过礼品之前适度地谦让一下。如果实在难以接受,可以在送礼时当面婉拒,解释并表示感谢;如果因某些原因无法当面拒绝,也可以在收礼后的24小时内亲自将礼物退还,或请他人代为转交,最好再专门写信向对方说明原因并表示歉意。当我们作为送礼者,送出的礼品遭到拒绝时,不要恼羞成怒,或是马上面露不快,不能使对方为难,而应当从自身找原因。当我们作为收礼者,接过礼品后,应当着送礼者的面立即打开礼品的包装,并且把礼品取出来端详欣赏一下,并且对送礼者说几句表示感谢和赞美礼品的话。接受礼品之后,应当回赠对方适当的礼品。回礼一般包括以下三种形式:(1)用实物作为回赠。可多可少,多的可以多当初受礼的四分之一至二分之一,少的则意思到了就好,但不宜与当初接受的礼品等值。(2)用感激作为回赠。收礼后,应抽时间专门写一封信向对方表达谢意。(3)用"不忘"作为回赠。与送礼人再度见面时,有意识地摆出或使用对方所送的礼物,这是一种档次最高的回礼。

·第19课·

鲜花礼仪

——让"友谊之花"绽放

　　花卉的文字记载,最早可见于公元前11世纪商朝甲骨文中。千百年来,花深深地渗透在中国文化之中,形成了源远流长、博大精深的花文化。同世界上所有的人一样,中国人民也视花为美的化身、美好幸福的象征。然而,中国人对花的认识和情感并不仅限于此,而是有更为深刻的认识和浓厚的情感。人们赏花,除了赏识它那静态的外部形态之美,还善于欣赏它那动态的生命变化之趣。另外,中国人还认为花是有情之物,不仅娱人感官,更撩人情思,能寄以心曲。"蒹葭苍苍,白露为霜。所谓伊人,在水一方。"这是《诗经》中脍炙人口的篇章。白茫茫的芦苇花是作者眼前的景象,芦苇丛是盼望与心上人相会的地方,美丽的景象与美好的感情水乳交融。

　　每种花都有特定的含义,送花就是要借用这些无形的语言,传递你的心意。例如,玫瑰象征着爱情,被人们普遍视为"爱情之花"。除非是向自己钟情的异性示爱,"爱情之花"自然不能随意乱送。送桃花给南方的生意人,能令其喜笑颜开,因为桃花暗喻红红火火;迎接英雄劳模宜送红棉花;夫妻送百合花;恋爱时应送红玫瑰或红蔷薇;秋海棠花语为"断肠红""相思红",表示苦恋、苦苦追求;求婚送一束玫瑰,同意就回赠玉兰,拒绝求爱则送康乃馨。

延伸阅读

爱情之花玫瑰的来历

　　1789年,一艘英国帆船悄悄地从广州起锚,扬帆西去,抵达伦敦。从船上卸下来的神秘货物,竟然只有两株娇美的中国重瓣月季——"粉红月月红"与"大红月月红"。这两株中国奇花马上被移栽到英国皇家植物园,其后20多年间,英法两国又陆续从广州引进了数十个品种的中国月季和山茶。经过欧洲人无数次的杂交试验,1867年,终于在法国首次成功地培育出一个光彩夺目的玫瑰花新品种——"啊,法兰西!"100多年来,这种高贵、优雅的"花中皇后",成为全人类表达爱情的首选。可以说,当今世上迷醉全球的欧洲玫瑰,有一半是中国的血统!

　　资料来源:余定宇、周文韶:《以花为媒——东西方交流轶事》,《羊城晚报》,2003年11月6日。

　　"花卉语"并非只是因花卉品种不同而含义不同;因为花卉的色彩、枝数的不同,也表达出不同的含义。比如,玫瑰普遍被人们视为"爱情之花",但不同颜色的玫瑰又有着不同的含义:红玫瑰代表深爱着你;粉色玫瑰表示动情在心、爱的宣言;白玫瑰则表示天真、纯洁、尊敬。而玫瑰的朵数不同,意义也不同。一般都是取谐音,如1朵表示你是我的唯一,对你情有独钟;2朵表示二人世界,你侬我侬;5朵表示无怨无悔;6朵表示顺心如意(六六大顺);7朵表示天天想你;9朵表示爱情长久;10朵表示十全十美、完美的你;11朵表示一心一意;57朵表示吾爱吾妻;99朵表示天长地久。

鲜花的形式多种多样,依照鲜花组合形式的不同,可以分为送束花、篮花、盆花、插花、饰花、花环等。一般不以干花、纸花送人,要赠送鲜花,但不能送已凋零、衰败的鲜花。送花要依据不同的场合、不同的对象而送,才会收到理想的效果。

中国的春节是民间传统的盛大节庆,俗谚"过年要想发,客厅摆盆花";此时也是扩展人际关系的良机,企业员工、客户、同事、上司、亲朋好友等,都可把花当作馈赠的礼物,以花传达情意,彼此增强感情。农历春节,时值早春,也刚好是花卉生产的旺季,各种花琳琅满目、争奇斗艳,选赠以贺新年、庆吉祥、添富贵的盆栽植物为佳,如四季橘、牡丹、桂花、杜鹃花、秋海棠、红梅、水仙、报春花、状元红、发财树、仙客来及各种兰花类、观叶植物组合盆栽等,再装饰一些鲜艳别致的缎带、贺卡等,增添欢乐吉祥气氛。西方的圣诞节,通常以一品红作为圣诞花,花色有红、粉、白色,状似星星,好像下凡的天使,含有祝福之意。在这个节日里,可用一品红鲜花或人造花插做成各种形式的插花作品,伴以蜡烛,用来装点环境,增强节日的喜庆气氛。玫瑰是情人节最受欢迎的鲜花,除了玫瑰之外,尚有许多象征"爱"的鲜花可作为赠花,同样能向对方传达爱意,如郁金香、洋桔梗、满天星、茉莉花、玛格丽特、爱丽丝、勿忘我、海芋等。

贵宾来访或者亲友返乡探亲、学成归国,一下飞机就献上表示热烈欢迎的鲜花,必能给宾客惊喜,留下难忘的印象。迎接贵宾的鲜花以红色系与紫色系最受欢迎,其花语代表友谊、喜悦、欢迎、等待、惦念为主。结婚时,新娘捧花可以将新娘衬托得更加独特迷人,让婚礼呈现浪漫的气氛,也能给宾客留下美丽的回忆。结婚是人生大事,通常婚礼花束要比一般花束讲究、精致,甚至要配合新娘的年龄、性格、肤色、发色、礼服款式、化妆色彩等不同的情况而设计。结婚纪念日那天,夫妻若能以花束互赠,定能勾起昔日的甜蜜回忆,增进夫妻之间的感情。儿女降生是人生一大喜事,赠花具有祝贺平安、幸运,表达喜悦的含义。花的种类除了依照花语的含义外,也可按生日、星座、生肖等特征进行选择。买房是人一生中值得庆贺和炫耀的事情。贺人买房常用盆栽植物作为贺礼,具有祝贺主人"飞黄腾达、金玉满堂"之意。中国人一向以红色代表喜庆,因此花的颜色应以红色系列为主,黄色系可作为陪衬,纯白色绝对避免,因为中国人新居落成最喜红色讨吉利,纯白色被视为忌讳,赠花时必须特别注意这些礼节。探望病人时,为表达对病人的美好祝愿,一般会送鲜花。送鲜花前,最好打听一下,该病人及病房是否允许送鲜花。送给病人的鲜花,不宜选择清一色的白花和黄花,也不要送盆花,而以象征青春永驻的紫罗兰,象征安慰的睡莲、深红色的天竺葵等为宜。香味很浓的花对手术病人不利,易引起咳嗽;颜色太浓艳的花,会刺激病人的神经,激发烦躁情绪。

由于不同的国家、不同的民族往往会赋予鲜花不同的含义,送花要根据民族、地域、风情、习俗、目的的不同而有所区别,注意从鲜花的颜色、数目和品种三个方面加以考虑。比如,中国人喜欢菊花,而在西方,黄菊代表死亡,只能在丧葬活动中使用。中国人赞赏荷花"出淤泥而不染"的性格,但在日本,荷花却表示死亡。在广东、海南、港澳地区,金桔、桃花表示"吉""红火"的意思,而梅花、茉莉和牡丹花却表示"霉运""没利""失业"的意思。另外,不同的习俗,对于花的色彩也有不同的理解。比如,在我国的一些传统年节或喜庆日子里,送的花篮或花束色彩要鲜艳、热烈,忌送整束白色系列的花。在我国广东、香港等地,由于方言的关系,送花时尽量避免送以下花:剑兰(见难)、茉莉(没利)。在国际交际场合,忌把菊花、杜鹃花、石竹花,以及其他带有黄色的花献给客人已成惯例。

总之,在赠送鲜花时,要把握好送花的技巧,掌握好各种花语,注意到花的各种禁忌,才能"以花传情",使鲜花在人们的交际往来中开得更加艳丽动人。

· 第20课 ·

探望病人礼仪

——给病人送上"精神维生素"

探望,亦称探视、探访,有专程探望,有顺便探望,有委托他人代为探望,以表达对亲朋好友或同事的情怀。除正常情况下的探望,更重要的是对身体不适或住院亲朋好友的探望,这是一项较为特殊的交际活动。一个躺在病榻上的人,因为健康和生命受到威胁,容易产生一种悲观的心态,感情脆弱,情绪多变,比任何时候都更渴望一份温情,往往对别人的关心和照顾更为敏感。这时,作为亲朋好友的你,前去医院或家中探望,会给病人增添战胜疾病的信心和勇气。那么,探望病人时,需要注意哪些礼节呢?

探望前,要了解病人的病情现状、治疗情况、心理状态和情绪状况,这样,可以使自己与病人交谈时注意谈话内容,也可使自己购买礼物时具有针对性。同时,又便于在探病时注意自身防病。探望患传染病的病人时,不要带小孩去医院。

探望病人的时间要视病人的情况而定。如果是一般疾病,获知消息后就应该前去探望,以示关心和急切;如果病人处于危险期,或有传染性疾病,则可以过一段时间再去探望,或者向其家人表示问候,由其家属转达你的问候。

按照民间习俗,探望病人一般会带一些礼物,以示慰问。但是,礼物的挑选要谨慎,要注意根据病人的病情选择,应以有利于病人尽快康复为原则。礼物不在轻重,应更多地注重精神效应。如一本有趣的消遣书、一束香味淡雅的鲜花、一份可口的食品,都会使病人感到生活的乐趣,增强战胜疾病的信心。送水果或食品时,要考虑到病人的病情。如探望糖尿病病人,可以带蛋白质含量高的食品,如奶制品、蛋类、肉松等,而不宜携带各种糖果、甜点、水果、果汁等含糖量高的食品。

延伸阅读

送病人鲜花要讲究科学

在医院病房中,大量鲜花能让病人感到赏心悦目,但也会成为污染源,不利于病人的健康。鲜花的花粉很容易成为过敏源,导致病人身体不适,尤其是对支气管哮喘病人,不适宜的鲜花甚至会加重他们的病情。此外,散落在病房的花粉和潜藏在鲜花中的各种小虫子,会影响医生对于某些病症的诊断。专家建议,送病人鲜花要讲究科学,提倡用以观叶为主的水培植物来替代大束鲜花。富贵竹、红掌、文竹等,既能使病人心情愉快,又能较多地释放氧气,为病人营造一个清新的病房环境。

资料来源:张建宏:《社交礼仪与沟通技巧》,国防工业出版社2011年版。

探视病人一定要穿干净卫生的衣服,穿着要日常化,不可过于华丽。去探望病人的同行人数宜少不宜多,人多嘈杂,容易影响病人休息。

住院期间,病人的生活相当规律,接受治疗和休息时间都安排得很规范。因此,探望病人一定要遵守医院的规章制度,在规定的时间去探望,否则,既影响医院的正常工作秩序,又影响病人的治疗和休息。如果吃了"闭门羹",也不要与工作人员发生口角,应该耐心等待或另找时间。

前去探望时,若病人正在休息,不应打扰,可稍候或留言相告。到家中探望病人时,由于病人的饮食和睡眠比常人更为重要,以下午前去探访为宜,不宜在早晨、中午、深夜,以及病人吃饭或休息时间前往探望。

在病房门前,必须敲门,一方面是体现对病人的尊重;另一方面,有些病人还需穿衣、盖被等。进病房时,步态要轻盈,表情要从容,切忌慌里慌张、大惊小怪,以免增加病人的心理压力。当看到病床周围的医疗器械和病人时,要沉着、自然,不要神态过于沉重,以免给病人加重精神压力。到病床前,可主动与病人像往常一样握手,这样可以消除病人的戒备心理,也是"无声胜有声"的安慰;同时尽快找把椅子挨着床边坐下,这样可与病人保持平视状态而避免居高临下的俯视,使病人有一种亲切的感觉。

由于特殊的心理状态,人在患病期间都相当的敏感。探望病人的主要目的,是要充当"社会护理"角色,给予病人一些安慰及必要的帮助。在病人面前,不可表现出紧张的情绪——"人未语,泪先流",表情应当自然、亲切、冷静,一如既往,当然也不可以表现得兴高采烈。与病人谈话时,一般应先询问病人的身体状况及治疗效果。在病人讲述病情时,要认真地听,不要心不在焉、左顾右盼。与病人交谈中,语调要适中,不要大声交谈。要注意说话的语气,不要用惊讶的口气问:"你怎么啦?病重不重啊?"最好用非常平常的、温和的、自然的口气问:"你今天感觉好多了吧?"在谈话的内容上,应尽量选择轻松愉快的话题,多谈病人关心感兴趣的事,多说一些以往的美好时光,以转移对方的注意力,减轻精神负担。可以多说一些轻松、宽慰的话,或释疑开导,或规劝安慰,以利于病人恢复平静稳定的情绪。不要过多询问,注意避免谈论可能刺激到对方的话题或令人敏感的不吉之语。多说一些鼓励的话,增强病人战胜疾病的勇气。说话一定要同病人家属、医生的口径一致,以免引起病人的怀疑;更不可轻易地当着病人的面泄露"天机",以免影响治疗效果。不要向病人介绍道听途说的偏方、秘方,不推荐未经临床实验的药物。探望重病人时,不要谈论病情,不要对医生的水平、治疗方法及用药妄加评论。

在与病人接触的过程中,不要表现出对卫生的挑剔。但在探望患传染病的病人时,要尽量避免接触病人的用具、衣服,见面及临别时不要握手,以免引起传染。

注意探望时间不宜太长,最好能够适时地、婉转地结束探望。一般情况下,与病人在一起待一刻钟至半小时最为恰当。时间太长,会影响病人休息。另一方面,应避免影响病房里的其他病人的休息,另一方面也可以让病人早点儿休息,避免因疲劳影响病人身体恢复。要是病人身体欠佳,或是医护人员特别关照"不宜长谈",则在那儿待5—10分钟即可。如病人精神较好,或颇感寂寞,那不妨在其挽留之下多待一会儿。

为照顾病人休息,谈话和逗留的时间应较短,特别是还有其他亲朋来探望时,应早些告辞。告别时,一般应谢绝病人送行,并询问病人是否有事相托,祝他(她)早日康复。

· 第 21 课 ·

舞会礼仪

——彬彬有礼，以舞会友

舞蹈是我国古人所称"乐"的重要组成部分，具有悠久的历史渊源和深厚的艺术积累。在五千年以前，中国就出现了舞蹈。在内蒙古乌拉特中旗东地里哈日峰顶巨石上，有一幅岩画，画面上一男（右）一女（左），面部相对，连臂而舞。这可以说是世界上最早的有关交谊舞形象的记录。当然，目前世界上流行的国际标准交谊舞（Ballroom Dancing），最早起源于欧洲，由古老的民间舞蹈发展演变而成，盛行于当时欧洲贵族在宫廷里举行的舞会中。法国大革命后，交谊舞成为欧洲各国一种普通的社交活动，故有"世界语言"之称。第二次世界大战后，美国人又将该舞蹈散播到全球各地，形成一股跳舞热潮，至今不衰，所以又称它"国标舞"。如今，宴会、酒会和舞会也被称为"社交三会"，舞会是其中最具有娱乐性的一项社交活动，同时也是自我展示和促进社交关系的重要方式，当然，这一切都建立在参与者良好的舞会礼仪修养之上。

延伸阅读

交谊舞会的作用

一场舞会,他与她邂逅,王子与灰姑娘般的恋情骤然迸出火花,从此他们过着幸福的生活。这种童话故事或爱情剧本中经典的爱情模式相信大家都耳熟能详。而现实生活中,舞会虽然没有影视、文学里所渲染的那么浪漫,但它的确能为你结交朋友、疏通人际关系、展示个人风采提供很好的机会。

周琳女士性格爽朗、笑容亲切而且充满阳光,很难想象青春洋溢的她已过而立之年。她说:"上大学后,是舞会逐渐改变了我的性格。大二那年,第一次参加西工大的周末舞会,我竟然穿着校服赴会,愣愣地坐在舞场角落。"看别的女生穿着漂亮的长裙在舞池里游弋、谈笑风生,周女士感觉自己就像一只丑小鸭,而当一位男生邀请她时,害羞的她竟然被吓跑了。这第一次经历成了室友的笑料,而现在的周女士已经成为公司舞会上的社交明星,从学校舞会中的三步、四步、国标成长起来,除了练就了一身好"舞艺",最重要的是积累了与人沟通的技巧。她认为:永远记得微笑是一种无声的交际语言,别害怕舞会上都是陌生人,始终保持有风度的微笑就能将尴尬"破冰";既然参加舞会是为了扩大交际圈,那就试着和舞会的主办人搭讪,经他引见而认识更多朋友。

资料来源:陈樱、崔莎:《舞会上用微笑打破尴尬》,《华商报》,2006年5月25日。

　　参加舞会前，应洗一次澡，做好个人卫生，特别要注意口腔卫生。男士应该梳理好头发，剃去胡须；女士则应当在做好发型的同时，进行认真的化妆，妆可以化得浓烈一些。着装要干净、整齐、美观、大方，男士可以穿西装，女士宜穿裙装。有条件的女士，可以穿格调高雅的礼服，但是不能让自己穿得过于暴露。保险起见，还应该在下身穿上底裤，以防止走光。一般情况下，不宜穿牛仔裤、T恤、军服、工作服，不允许戴帽子、墨镜，穿拖鞋、凉鞋、旅游鞋。

　　无论是参加朋友的私人舞会，还是正式的大型舞会，遵守时间是首要的礼仪，要准时到达。按惯例，舞会上的第一支舞曲或结束曲，一般讲究由结伴而来的男女共舞。从第二支曲子开始，可交换舞伴，以扩大自己的交际面。哪怕你再喜欢一个舞伴，在正规的社交场合，也不能整场只和一个舞伴共舞。

　　参加交谊舞会，不能只图跳得尽兴，而忘却了本应进行的交际活动。在舞会上结交新朋友，通常有三种方法：一是主动把自己介绍给对方；二是请主人或其他与双方熟悉的人士代为介绍；三是通过邀请舞伴的方式直接或间接地认识对方。在舞会上结识新友之后，一般不宜长时间深谈。可在此后的适当时间，主动联络对方，以便进一步推进双方关系。需要注意的是，不要为了结交新朋友，而在舞会上对旧友不屑一顾。碰上了老朋友、老关系，除了要争取邀请对方或其同伴共舞一曲之外，还要尽量抽时间，找对方叙叙旧。

　　在舞会上，自选舞伴之时，以下八类对象是理智的选择：(1)身高相当之人。如果双方身高悬殊，未免会令人感到尴尬难堪。(2)舞技相近之人。在舞场，"舞艺"相近者相得益彰，有助于更好地发挥技艺。(3)少有邀请之人。邀请较少有人邀请的人，既是对其表示一种重视，也不易遭到回绝。(4)未带舞伴之人。邀请未带舞伴的人共舞，成功希望往往是较大的。(5)希望结识之人。想结识某人的话，不妨找机会邀对方共舞一曲,以舞为"桥",接近对方。

在舞会上,男士邀请女士跳舞时,应稳步走到女士面前,立正并向她欠身致礼,可以说:"能否冒昧请您跳支舞?"待对方同意后,陪伴进舞池。如对方不同意,不能勉强。如果其亲属在旁,男士还应先向其亲属致意。邀请跳舞时,可能会产生误会,比如一位男士在邀请一位女士跳舞时,旁边的一位女士误认为在请她,从座位上起身。这时,应将错就错,同这位女士跳上一曲。对于男士的邀请,女士一般都应该友好地点一下头,欣然接受邀请。如果已经答应了他人的邀请,则应对邀请者说明:"对不起,已经有位先生邀请了我,等下一曲,好吗?"当下一支舞曲开始后,那位邀请者若再次邀请,如果确无特殊情况,不可再次拒绝。女士如果实在不愿意同某人共舞,可婉言辞谢。常见的托词有"我累了,想单独休息一会儿""我不熟悉这首舞曲"等等。千万不要使用"我有伴了""请别来烦我"等生硬的语言。已经拒绝了他人之邀,如一支舞曲未了,就不应再接受其他男士的邀请,否则,会被看作对前一位邀请者的无礼。一般来说,跳舞都是男士主动邀请女士,但并不排除女士邀请男士的情况。当女士主动邀请男士跳舞时,男士即使不会跳舞,也不可以拒绝女士。

正常情况下,两位女士可以同舞,两位男士则不能同舞。前者意味着她们在现场没有舞伴,而后者则意味着他们不愿意向在场的女士邀请跳舞,这是对女士的不尊重。所以,只有两位女士在舞池内起舞时,两位男士才能以同舞的方式追随到她们身边,与她们共舞,然后分别组成新的两对舞伴。

跳舞要注意舞姿,男士用右手扶着女士的腰部时,正确的手势是手掌心向下,用右手拇指背面将女士后侧腰轻轻挽住,而不是用右手整个手掌心紧贴女方后腰部。女士的左手手指部分只需轻轻落在男士的右肩头即可,不应该满握地贴在男士的右肩或是勾住对方的脖颈。男士上身往前倾，与对方头、胸靠得很近，或是紧盯着对方的脸，是不礼貌的。女士伴舞，可面带微笑，但也不可紧盯对方的脸，更不可有"乱送秋波"等挑逗性举动。不论自己与一起跳舞的舞伴是何种关系，两个人在一起合作跳舞时，除必要的以手相互持握外，身体的其他部位都要保持大约一拳的间隔。男士不能借机对女士又拉又抱，女士则不宜主动贴向男士。双方都不应当在跳舞时贴面、贴胸、贴腹，有意黏在一起。即使是恋人之间，在舞会上也要注意，用双手套住对方的脖子和圈住对方的腰胯，紧紧地贴着跳舞是有伤大雅的。

跳舞过程中男女双方可适当交谈，交谈内容以轻松话题为宜，如"我很喜欢这支乐曲""你的舞姿很优美"等，显得彬彬有礼，还可以谈谈诸如舞厅装饰的艺术效果、舞曲的旋律、歌手的演唱等。至于如工作、经济效益、复杂的人际关系等沉重话题，应尽量避免，以免影响舞蹈的情趣和舞会的效果。交谈应简短，并选择在舞曲的节奏较为轻柔时进行，声音不宜过高。舞曲节奏激昂处要避免交谈，否则可能会出现不自觉地加大音量或者因为听不清楚而将耳朵贴到对方的嘴边等一些不文雅的举止。

在跳舞时，应注意不要踩踏舞伴或碰撞舞伴，若因自己的不慎，踩踏、碰撞了舞伴，均应当主动向其道歉。要注意与其他的跳舞之人保持适当的距离，以防相互影响。万一不慎碰撞或踩踏了别人，应当自觉地向对方道歉。若系他人不慎而向自己道歉，则应大度地向对方表示"没关系"。

舞会中的休息时间，应尽量去洗手间整理一下衣服，因为动作较大很有可能把衣服弄脏或者弄褶皱。为了保持清新的口气，舞会中途也有必要去咀嚼个口香糖。当一曲舞毕，男方应向女方致谢，并将女方陪送回原来休息之处，向其周围亲属点头致意后再离去。

参加朋友的私人舞会，最好坚持到舞会结束后再离去，这是对朋友的支持。至于其他的舞会,只要不是只跳了一支曲子就走显得应酬的色彩过浓就可以了。舞会结束后,男士应将结伴而来的女伴送回家。

· 第22课 ·

求职面试礼仪

——大学生走向职场的"第一礼"

在求职的过程中,求职礼仪成为一个人道德修养的整体体现,它反映了一个人的内在品格及文化修养。求职过程中的一个最重要环节就是面试。求职面试的过程,是一个人展示自我的过程。虽然可能只是短短的几分钟,却要求求职者在这极短的时间内,最全面地呈现自己的优点。能否顺利地通过面试,除了看是否精心准备好求职材料外,很大程度上取决于求职者是否掌握了求职面试的一些技巧与方法,是否遵守了相关礼仪。

延伸阅读

如此大学生

考官叫到李小倩的名字时,李小倩从容地进入考场。按考官的要求,李小倩开始做自我介绍:"各位好!我是××师大中文系毕业班的学生李小倩。在校期间,我的学习成绩优良,曾担任两届学生会文艺部部长……我还有很多业余爱

121

好,比如演讲、跳舞啊,我拿过奖呢! 对公关能力和社交能力我是充满自信的。"一边说着,李小倩一边从包里拿出市交谊舞大赛和校演讲比赛的获奖证书。可化妆盒不小心跟着掉了出来,各式化妆用品散落了一地。她乱了手脚,慌忙捡东西,抬头对着考官说:"不好意思!"考官们不满地摇头。考官甲:"小姐,麻烦你出去看一下我们的招聘条件,我们这里是研究所,你还是另谋高就吧。"最后,他苦笑着说:"现在的大学生怎么啦?"

一家大型企业招聘办公室文秘人员,由于待遇优厚,应聘者众多。中文专业毕业的小雅同学也前往面试,她的背景是:身高1.68米,容貌姣好;有较强的文字功底,大学期间,曾在学校刊物上发表了几万字的作品;曾为三家公司策划过周年庆典;英语过了六级。面试那天,她穿着吊带装,涂着彩色指甲,轻盈地走到考官面前,未等考官开口,先坐了下来并跷起了二郎腿,高跟鞋在"优雅"地晃动,笑眯眯地等着问话。几位招聘者交换了一下眼色,只听主考官说:"同学,请回去等通知吧。"小雅等到的是没有录用的通知。

李刚是一名优秀的大学毕业生,在校期间,曾多次获得二等奖学金,同时任学生会主席,曾策划和组织过多项校级大型活动,有着很强的组织能力,也有着较为辉煌的履历。正是由于综合素质优秀,他一路过关斩将,得到了某大型广告公司的面试机会。面试时,其中一位面试官对于李刚一个问题的回答有不同意见,李刚认为自己的想法是正确的,且依稀记得老师上课的时候也是这么讲的,所以情绪逐渐激动起来,与这位面试官据理力争,多次打断面试官的讲话。结果是李刚没有被录取。

资料来源:张建宏:《社交礼仪与沟通技巧》,国防工业出版社2011年版。

求职面试礼仪主要涉及以下方面:

充分准备。首先要准备好自荐材料,这是毕业生与用人单位进行联系最简便、最直接的方式,是"敲门砖"。完整的自荐材料,应包括求职信、简历、证明材料复印件(毕业生推荐表、学历证书、学位证书、荣誉证书、社会实践经历证明材料、发表的文章、科技发明成果证书等),所有这些资料都要统一使用白色A4纸打印或复印,避免把不同纸型、纸质、颜色的纸张混杂在一起,每份简历及附在后面的资料都要整齐地订在一起。每份简历都要贴上照片:无论招聘单位是否这样要求,都要主动这样做,以体现求职者的诚意,增加面试或复试的机会。经常会有大学生抱着侥幸的心理去虚构实践经历、冒充学生干部、涂改成绩等,甚至有学生制造假证书。这些往往一经发现就会被一票否决。面试不仅是对能力的考验,更是对人品的检验,诚信是绝大多数用人单位看重的。在参加面试时,一定会涉及像自我介绍等一些环节。因此,进行事先准备是非常必要的。为了避免因为情绪紧张而影响自己的发挥,可以找好朋友扮演面试主试者的角色,在面试前进行模拟演练。

打理形象。"佛要金装,人要衣装。"应试当天穿着打扮的好坏对录取与否起着举足轻重的作用,虽说留下完美的第一印象未必会被录取,但若给人留下坏印象,极可能名落孙山。所以,随着面试日期的到来,应花费心思为自己打造一个良好的外在形象。在面试出发前,也一定要留足时间对自己的仪容仪表再做一次检查。

提前到达。一定要保证能提前半小时到达面试地点，不能迟到。如果没有正当理由而迟到，那么面试将很难有一个乐观的结果，这里的正当理由绝不是类似于堵车、生病了之类的琐事借口。一个连自己的时间都管理不好的人是很难指望他会在工作岗位上尽心尽责的。

试前静候。若到达面试地点时间尚早，可散散步，避免由于等候时间过长而心情焦躁。在离面试开始15分钟左右，到指定的休息或准备场所等候，可以询问一下工作人员是否需要签到，面试时间是否有变化等问题，稍作休息，并根据情况演练一下面试中可能会出现的情境或问题。再次整理一下仪容仪表，如果面带倦容，可以去洗手间洗一下脸，在擦干脸庞后回到休息室。另外，男士应注意一下领带的松紧等细节，女士可以稍微补一下妆。

进入考场。进入面试场合时要沉着自然，不要紧张。因为实际上在这时面试已经静悄悄地展开了，求职者应关掉手机，以免在面试期间"乱鸣"。如门关着，应先敲门，得到允许后再进去。开、关门动作要轻，以从容、自然为好。关门时须面对房门，不能背对房门。见面时，要向招聘者主动打招呼，问好致意，称呼应亲切得体。在主试人没有请你坐下时，切勿急于落座。主试人请你坐下时，应道声"谢谢"。坐下后保持良好的体态，安心等待，不要"四处巡视"，左顾右盼。

自我介绍。一段短短的自我介绍，其实是为后来的面谈做准备的，犹如商品广告，针对客户的需要，将自己最美好的一面毫无保留地展现出来，引起对方的兴趣。如果面试考官让你"谈谈你自己"，千万不要说"简历里都有"等话。而且，对准备好的自我介绍内容切忌用背诵的方式读出来。对自我介绍的内容要非常熟练，在脱稿的基础上，像聊天一样随意地"说"出来。

从容应答。对主试人的问题要逐一回答，对方向你介绍情况时，要认真聆听,必要时可做些记录。为了表示你已听懂或很感兴趣,可以在适当的时候点头或穿插提问、应答。回答问题时,声音要适度,语速要适中,答话要精练、完整。要掌握语言技巧,不能用呆板的念稿子似的语调来回答问题。应吐字清晰,嗓音响亮悦耳,圆润柔和,富有情感。一般情况下不要打断主试人的问话,不能抢问、抢答,以免给面试官留下急躁、鲁莽、不礼貌的印象。对某句听不懂的问话,可要求主试人重复,当不能回答某一问题时,应如实告诉主试人,切勿含糊其辞、胡吹乱侃。要注意使用礼貌用语和尊敬用语,不能忽视得体的称呼,这些都是沟通人际关系的信号和桥梁。

面露微笑。笑容是一种令人感觉愉快的面部表情,它可以缩短人与人之间的心理距离,为深入沟通与交往创造温馨和谐的氛围。在笑容中,微笑最自然大方,最真诚友善。面试时,不时面带微笑,不仅会增进你与面试官的沟通,还会百分之百地提高你的外部形象。当然,也不宜笑得太僵硬,一切都要顺其自然。

展示自己。在求职中,虽然求职者的专业技能是很重要的一个方面,但是不容忽视的另一点就是求职者的工作能力。工作能力通常表现为沟通表达能力和组织协调能力。沉默是最大的失败,清楚、自信地侃侃而谈,善于表达自己、展示自己才是制胜的关键。所以在平时,性格内向的求职者要加强在沟通与表达技巧方面的训练。

礼貌告别。面试结束后,不要骤然起身,匆忙离去。在听到面试考官"本次面试就到这里,谢谢!"之类的结束语后,才可轻轻起身,目视考官,面带微笑,礼貌告别。步出房门时,要保持一如既往的优雅姿态,切不可一路小跑离开。在休息室或等候区内,不要急于与面试者谈论面试的过程和可能的结果。

表示感谢。离开公司时,应当礼貌地向提供过服务与帮助的前台接待员表示谢意。

等待结果。在一般情况下,面试结束后,考官都要进行讨论和投票,然后将结果送人事部门汇总,最后确定录用人选,可能要等3—5天。求职者在这段时间内一定要耐心等候消息,不要过早打听面试结果。

总结经验。应聘中不可能个个都是成功者,万一你在竞争中失败了,也不要气馁。这一次失败了,还有下一次,就业机会不止一个,关键是必须总结经验教训,找出失败的原因,并针对这些不足重新做准备,谋求"东山再起"。

·第23课·
微笑礼仪
——职场人士的第一张名片

古语有云:"人无笑脸莫开店。"微笑是无价的"商品",蕴藏着巨大的魅力,国内外很多企业都非常重视微笑服务。日本的旅游饭店要求服务人员一进饭店就像演员进入剧场,"笑迎八方客",把微笑作为"通向五大洲宾客心灵的护照"。美国一家百货商店的人事经理这样说,她宁愿雇用一个只是小学毕业却有愉快笑容的女孩,也不愿雇用一个神情忧郁、板着面孔的博士。美国成功学励志专家拿破仑·希尔这样总结微笑的力量:"真诚的微笑,其效用如同神奇的按钮,能立即接通他人友善的感情,因为它在告诉对方,我喜欢你,我愿意做你的朋友。同时也在说,我认为你也会喜欢我的。"美国伟大的推销员富兰克林·贝特格认为:"一个面带微笑的人将永远受欢迎。"

在快节奏、高压力的现代生活中,嘴角上翘、眼睛眯起作笑容状,几乎成了一种职业特征。但微笑不能单纯从动作分解出发,必须有真诚的心态、心地和心境。微笑应发自内心、渗透情感、表里如一。不能虚情假意、假模假样,露出机械式的笑容,也不能冷笑、傻笑、干笑、苦笑、皮笑肉不笑。自然大方、真实亲切和不加修饰的微笑才具有感染力。

延伸阅读

"杜乡微笑"——高乐商的外在形式

在提供高乐商有良好价值的证据之前,在这里有必要先解释一下心理学研究乐观时常用的一个概念——"杜乡微笑"。所谓杜乡微笑就是指人由衷地发出的一种笑容。人主要是一种社会性动物,为了有效地参与各种社会生活,人面部会有很多种表情,心理学家们研究发现,人面部的表情超过20种,其中大部分是人在进化过程中而形成的。

笑是面部常有的一种表情,但笑又有很多种,如傻笑、皮笑肉不笑、媚笑、奸笑、甜笑、似笑非笑、憨笑、狂笑、讥笑、窃笑、冷笑、苦笑等。对于这么多种笑,心理学家为了研究的方便使用了简单的二分法:一种是真笑,另一种是假笑。真笑是由衷地表现出的笑(笑与其内心世界一致,笑意味着内心快乐),而假笑则是因为迫于某种社会目的而假扮出的笑(笑与其内心世界不一致,笑并不意味着快乐)。19世纪法国神经病学家吉尔玛·杜乡先对真笑和假笑做了区分,他发现当一个人真笑时,他面部有两组肌肉会有显著性运动,而假笑时面部则只有一组肌肉运动。说得简单一些,就是当人真心快乐地笑时,其嘴巴周围和两只眼睛周围的肌肉都会出现显著性运动,而当一个人假笑时则只有嘴巴四周的肌肉产生运动。由于这种微笑分类法是杜乡先提出的,因而人们习惯上就把真心的笑称为杜乡微笑,假笑则被称为非杜乡微笑。

已有的研究更是发现,当人们展现杜乡微笑时,个体的大脑会产生让心情更好的化学物质,心理学家艾克曼和神经学家理查得·戴维森利用大脑扫描发现,杜乡微笑可引发大脑与满足、快乐等相关的神经活动显著增强。他们甚至还发现,即使人有意去运动那两组肌肉,也会产生快乐的感觉。这样,心理学家在自然状态下要鉴别一个人是不是具有高乐商这一特征,只要看他是不是具有杜乡微笑就可以。如果有杜乡微笑,则证明他可能具有高乐商的特点;如果是假笑或干脆板着脸不笑,则预示着他可能不具有高乐商的特点。这种用杜乡微笑来预测人是否具有高乐商特征的方法已经得到了心理学的证明。不过在这里有一点一定要引起注意,即杜乡微笑必须是个体在没有自我控制的自然状态下的表现。

资料来源:任俊:《乐商》,清华大学出版社2013年版。

美国研究人员发现,上班族对顾客和同事露出的微笑如果出自真心,会改善情绪,更能投入工作,提高效率;相反,如果不是出自真心,反而会让"微笑"成为一种负担,久而久之发展为情绪的抑郁,目前医学上已经有"微笑抑郁"这种说法。"微笑抑郁"的根源是患者无法正当地处理外界压力,他们的共同点是不愿意倾诉、不愿意放弃"尊严"。建议从事服务行业的人员,要特别注意培养自己对生活和工作的兴趣,不要将微笑当成被迫的行为。应保持开阔的胸襟,将顾客当朋友,用心去感受生活中的每一份新鲜。让微笑发自内心,就不会觉得累。此外,要学会调整自己的状态,学会给自己解压。比如,放下工作休息片刻,和很久不见的朋友见面聊天,把自己的烦恼情绪逐渐排解出去;运动也是一种很好的减压方式,身体的活跃能有效地清除情绪压力,给人轻松、自主的感觉;此外,平时也可以读一些休闲书籍,使心灵得到宁静。

当然，尽管长期性的"假笑"会导致抑郁，影响身心健康，但现实生活中，无论真笑还是假笑，只要去笑，都对身心有益。因为开心地真笑时，大脑的愉快中枢会兴奋；而努力假笑时，这个动作也会刺激大脑中与愉快感觉有关的相关区域。所以，当感到失落、郁闷、难过的时候，不妨对着镜子，提起嘴角，同时下拉眉毛，眯起眼睛，尽量做出一个真笑的动作，试着感受笑容带给你的放松与宽心。

另外，还需要指出的是，在职场中，管理者脸上的微笑是不可缺少的。美国钢铁和国民蒸馏器公司的一家子公司生产率和利润率持续多年上不去，但自从吉姆·丹尼尔到这家公司担任经理后，情况就发生了变化。吉姆·丹尼尔把"一张笑脸"作为公司的标志，公司的厂徽、信笺、信封上都印上了一个乐呵呵的笑脸。他总是以"微笑"飞奔于各个车间，进行管理。结果，员工们渐渐被他感染，友爱和谐，上下同心同德，其乐融融，企业在几乎没有增加投资的情况下，生产效益提高了80%。管理者对员工主动地微笑意味着其平易近人的管理风格。过于严峻的管理者常使员工"不寒而栗"，永远不可能被下属当作知己看待，员工也不可能在工作中投入全部的热情、精力与智慧。管理者的微笑具有非同一般的鼓动力，它是对员工劳动的认可和赞赏，又是一种勉励。员工受到鼓舞，便能给顾客以感情化的服务。管理者的微笑又可以向员工展示其理解、宽容和感激的内心世界。员工的工作时常很"机械"，易引起心理疲劳和生理疲劳；员工在形形色色的顾客面前，难免会受到一些委屈，但他们必须忍气吞声。每当这时候，他们看到管理者亲切会心的微笑，身体的疲乏和内心的怨气可以缓解，并可增强员工的勇气和自信心。

·第 24 课·

办公室日常礼仪

——礼仪细节让白领更出众

对于职场人士来说,办公室是除了家之外的第二个重要且固定的生活空间。掌握并恰当地使用办公室礼仪,不仅能创造和谐融洽的工作环境,也有利于提高工作效率,还有利于树立良好的企业形象。

办公环境。在办公室中,要保持你的工位整洁、美观大方,避免陈列过多的私人物品,千万不要把办公室装饰得像起居室一样。办公室的地面要常清扫,办公室的桌椅及其他办公设施,都需要保持干净、整洁、井井有条。个人办公桌及文件柜至少一个月清理一次,无价值或价值不大的东西应一律丢弃。不可随地乱扔废纸等垃圾,要注意丢在垃圾桶里面。办公室的垃圾要及时去倒,时间长了就会有异味。窗户要经常打开换气,保持空气清新。

办公桌。办公桌的状态可以看到当事人的状态,会整理自己桌面的人,工作起来肯定也是干净爽快的。同时,保持办公桌的清洁也是一种礼貌。千万不要在办公桌上摆放过多、过于夸张的饰品,不要摆放化妆品、零食。桌面上只摆放目前正在进行的工作所用的资料,而下班后要将工作资料收放在抽屉或文件柜中。

延伸阅读

职场可能"以桌取人"

某公司的一个业务员,在公司开完会后就匆匆奔赴机场,不久打回电话说:"飞机没有赶上。"另一位同事笑了:"他啊,长得就像个赶不上飞机的,你看看他那杂乱的桌面,记事本还落在这呢!"针对美国、英国、澳大利亚、德国和法国5个国家的2600名经理人进行的调查显示,48%的受访者认为自己的桌面"杂乱,但我能迅速找到东西"。显然,大多数职场人已经习惯应付总是慌张寻找文件的小风波。不过,你还是需要提醒自己:客户和上司说不定哪天就会"以桌取人"。不知道你有没有过这样的体验:你需要立即找到一份很重要的文件给老板或者大客户,你记得自己昨天才看过这份文件,而且确信它就放在办公桌上,却始终没办法从杂乱的办公桌上找到。花了很长时间你才发现,原来你把这份文件随手塞在了一个角落里,这个时候,对方已经等得不耐烦了。

最新发布的一份关于职场人专业形象和效率的调查显示,每个美国人每年会花6星期在混乱的工作环境、乱放的文件中找寻自己需要的东西。现在员工的评定都倾向于360度全方位考核,桌面对考评具有唯一性——无论谁都可以借此了解一个人的形象。调查显示,在问及经理心目中的理想下属形象时,大多数经理级的职场人认为应该是可以"随时提供协助,有效率、准时完成工作并令人愉快的"。显然,如

果下属的办公桌总是凌乱不堪,老板是不会满意的。"我时常
会在办公室里走动,如果某位下属的桌面总是很凌乱,我会
重新考量他／她的职业水准。"一位高管这样说。

资料来源:她时代:《办公桌形象为职场加分》,中国贸易
网,2010年6月10日,https://m.cntrades.com/21-0-48952-1.
html,有删改。

考勤。上班不迟到,不早退,是职业人员遵守工作制度的表现,是
自尊自重的反映,更能赢得同事的认可与尊重。通常,迟到的人会找
很多理由来说明,例如堵车、闹铃没响、孩子生病、身体不舒服等。归
根结底,只是没有提早出门。迟到是一种习惯、一种借口,并不是一种
可以谅解的原因。所以,员工必须养成良好的作息习惯,宁可提前,也
不赶晚。如果工作任务有连续性,下班前要做好工作任务交接。

言谈。进入办公室时,应主动向在场同事问好,下班时相互道别,
途中偶遇时也要主动打招呼。"您好""早安""再会"之类的问候话不离
口,可以帮助你融洽同事关系。在和他人进行电话沟通,或者是面对
面沟通的时候,要适当控制音量,两个人都能够听到就可以了,避免打
扰他人工作。很多人都喜欢在办公室接打私人电话,其实这是非常不
明智的,这不仅会影响别人办公,还会不小心把自己的生活隐私暴露
给工作中的对手。在办公室与同事进行适当的交流是可以的,但上班
时间的闲聊必须掌握一定的分寸,切不可在办公室里制造流言蜚语或
传播小道消息。另外,花太多的时间与同事聊天,会给人留下一种无
所事事的印象,同时还会影响同事按时做好工作。耳语会被视为因不
信任在场人士所采取的防范措施,在办公室与同伴耳语是很不礼貌的
行为。

着装。以女士为例,办公室着装有以下禁忌:一是忌三截腿。所谓三截腿,就是穿短裙时,穿半截袜子,袜子和裙子中间露出一段腿肚子,行业术语叫"恶性分割"。二是忌光脚穿套裙。一身套裙,却光着脚丫子,或穿露趾、露跟的凉鞋,这相当于凤凰头、扫帚脚。三是忌过于时髦。专业稳重绝对要比时髦炫目好得多,衬衫与西装都是办公室白领值得投资的服装:衬衫显得端庄稳重且容易搭配衣服,裙装与裤装剪裁讲究,线条比较分明。

举止。女士不要在办公室里化妆、涂指甲,男士不能在办公室里抽烟。不要在办公室里脱鞋,或者将脚伸到桌上。翻杂志、上网聊天,甚至听音乐、煲电话粥等会影响工作形象,也多少会影响他人的工作。办公室里有客来访,应站立起身,至少应该点头微笑致意一下。

就餐。在相对紧张、忙碌的办公环境里,补吃早饭、嚼东西都是忌讳。在实在不能避免的情况下,拖延的时间不要太长。有强烈味道的食品,尽量不要带到办公室。就餐后迅速通风,以保持工作区域的空气流通。嘴里含有食物时,不要贸然讲话。他人嘴含食物时,最好等他咽完再跟他讲话。

办公用品。要注意公私分明,有抬头的信纸、复印纸和其他办公用品是办公用的,不要贪图小便宜,挪为私用。不妨在自己的拎包里带些自己经常需要用到的小物件,不到万不得已,不要动用公家的东西。

电脑。公司的电脑名义上给你使用,但说到底还是公司的,所以私人事情最好不要在公司电脑上操作。不准在电脑里安装与工作无关的软件,不要在上班时间打游戏。使用公司电脑要爱护,注意定期清理擦拭,保持整洁。不要随意使用同事的电脑,这样不仅不礼貌,还容易产生工作嫌隙。除非你从事的是特别机密的工作,否则不要轻易在公司的电脑上设置开机密码。这样不利于工作交流,也让人觉得你防人之心太重。下班后记得把电脑关上。

复印机。如果与同事在使用时间上发生了冲突,一般来说,遵循先来后到的原则,但是如果你有一大摞文件需复印,而排在你之后的同事复印的数量比较少时,应请他先用。如果你已花费了不少时间做准备工作或者已经复印了一半,那么就礼貌地请后来的同事等一会儿再来。在公司里一般不要复印私人的资料。使用完后,要将复印机设定在节能待机或关机状态。如果复印机纸张用罄,需要添加。碰到需要更换碳粉或处理卡纸等问题,如果不懂得怎样处理,就请别人来帮忙,千万不要悄悄走掉,把问题留给下一个同事。

请假、休假。请假应该提早规划,使工作不至于因为你请假的缘故不能延续。休假是个人应享的权利,但个人的休假一定会影响到公司整体工作的进行,所以要提前准备,告知主管。

会谈。我们经常看到,有人到办公室里找一位领导,或者找一位项目经办人,进门后领导或项目经办人坐在自己办公桌前,就让客人坐在他办公桌对面的椅子上。这里要注意:如果坐在对面的是自己的下级或晚辈,这种居高临下的不平等会谈,是可以接受的;但如果是朋友或同事,坐在这个位置就不合适了,应该到办公室里并排的沙发上或者拉一把椅子,两个人面对面地坐下来,表示一种平等的关系。

会议。参加会议应准时或提前进入会场,万一迟到,要轻轻地寻找座位坐下。会议进行中,尽量不要随意讲话、走动。认真倾听,做好记录。手机应该关闭或调整到振动状态。特殊情况需提前退场,应向有关人员说明情况,离开会场时应轻手轻脚,不影响他人。听取他人发言时,应专心听讲并做好会议记录。每当发言精彩或结束时,要鼓掌致意。切忌在会议中与人交头接耳、哈欠连天、昏昏欲睡。

·第25课·

办公室电话礼仪

——抱着"面对面"的心态

人们在使用电话时的种种表现,会使通话对象"如见其人",能够给对方留下完整、深刻的印象。日本一名学者就曾说过这么一段话:"不管是在公司还是在家庭里,凭这个人在电话里的讲话方式,就可以基本上判断出其'教养'的水准。"如果说"文如其人",那么,不妨也可以说"话如其人"。因此,使用电话时,务必自觉维护好自己的"电话形象"。

准备通话内容。给别人打电话时,如果想到什么就说什么,往往会丢三落四,忘却了主要事项还毫无觉察,等挂断了电话后才恍然大悟。因此,在拨打电话之前,要先把你所要表达的内容准备好,最好先列出几条纲要,写在你身边的便签纸上,以免对方接电话后,自己由于紧张或者兴奋,而忘了自己要说的内容。

慎选通话时间。无特殊情况,拨打电话要避开影响对方生活或休息的时间,比如8点以前,12点到14点之间,23点30分以后。若非紧急事务,拨打公务电话最好避开对方精力可能松懈的时间,如周五下午,周一上午,上班后的前半个小时,下班前的最后几分钟。不要在休息日打电话谈工作,以免影响他人休息。给海外人士打电话前,要特别注意弄清地区时差及各国工作时间的差异。如果在一个不太适宜的时间打电话过去,要记得礼貌地征询对方是否方便接听。

及时接听电话。在现代职场,职员的使命之一就是一听到电话铃声,就做好接听电话的准备。来电宜在第二声铃响之后,立即接听。有学者认为,电话铃声响了五次都没人去接的公司,肯定不会有大作为。这肯定没有错,因为至少说明这个公司毫无时间的价值观念。因此,如果电话铃响了五声才拿起话筒,应该先向对方道歉,比如说:"对不起,让您久等了。"

礼貌问候"第一声"。电话接通之后,接电话者应该先主动向对方问好,并立刻报出本公司或部门的名称,如:"您好,××公司。"打电话时则首先要说:"我是××公司的×××……"双方都应将第一句话的声调、措辞调整到最佳状态。因为电话中的"第一声印象"十分重要,如果第一声优美动听,会使对方感到身心愉悦,从而放松地讲话。在商务沟通中,不允许接电话时以"喂,喂"作为"见面礼",特别是不允许一张嘴就毫不客气地去查对方的"户口",一个劲儿地问人家"你是谁",或者劈头就问:"喂,找谁? 干吗?……"这是很不礼貌的,应该注意改正。一旦拨错号码,应向接电话者表示歉意,说"对不起,我打错了"或者说"打扰您了"。

发挥声音的魅力。如果是面对面交流,可以充分利用肢体语言进行表达,而电话只能通过声音表达,所以要特别注意声调、语速及表达的准确度。有人认为,电波只是传播声音,打电话时完全可以不注意表情,这种看法是大错特错的,因为人的面部表情会影响声音的变化,你的喜悦或烦躁仍会通过声音流露出来。当你带着微笑接听电话,对方听到你的声音时,就能感到你在微笑。因此,在通话中,也要抱着"对方看着我"的心态去应对,要用清晰而愉快的声音接电话,这能显示出说话人的职业风度和可亲的性格,从而给对方留下美好的印象。

日本的一些公司专门为电话接线生配备镜子,用来检查自己是否始终处于喜悦和微笑的状态,效果非常好。

保持正确的姿势。懒散的姿势对方是能够"听"出来的。如果你打电话的时候,弯腰躺在椅子上,对方听到的你的声音就是懒散的、无精打采的。若坐姿端正,所发出的声音也会亲切悦耳、充满活力。接听电话过程中应该始终保持正确的姿势。一般情况下,人的身体稍微下沉,丹田受到压迫,容易导致丹田的声音无法发出;大部分人讲话所使用的是胸腔,这样容易口干舌燥,如果运用丹田的声音,不但可以使声音具有磁性,而且不会伤害喉咙。因此,应保持端坐的姿势,尤其不要趴在桌面边缘,这样可以使声音自然、流畅和动听。

专心聆听,诚意应答。接听任何电话,均应聚精会神,否则难以确保自己听得清、记得准。在通话途中,不要对着话筒打哈欠,或是吃东西,任何小的声响都可以通过电话线传到客户的耳中。千万不要同时与其他人闲聊。不要让对方由此感到自己在受话人的心中无足轻重。在听电话时,应视情况不时说些"嗯""是的""对""知道了"之类的话语,让对方感到你在认真地听。遇到没有听清听懂的话,应致歉后再请求对方重复。

切勿使用禁忌词汇。当需要确认对方姓名时,要尽量用褒义词语,比如说"您姓冷,是冷淡的冷吗?",会让对方听了感到不快,如果改成说"是冷热的冷吗?",感觉就不一样了。接电话时,要避免以"不在""不知道""这事不归我管"来回答。例如一个电话打来:"请问,吴美丽小姐在吗?""不在。"听到这样的回答,相信你一定会有很不舒服的感觉,一句话拒人于千里之外。当你打电话给某公司,得到的回答是"不知道"时,你是否会觉得这家公司的员工素质不高呢?王先生和刘小姐在同一个办公室办公,接电话的是刘小姐。"哦,您找王先生啊,他那个事情不归我管。"这样的回答,会使拨打电话的人很反感。

养成复述习惯。文字不同,一看便知,但读音相同或极其相近的词语,通电话时常常容易搞错。为了防止听错电话内容,一定要当场复述。听到与数字有关的内容后,也要马上复述,予以确认。当说到日期时,不妨加上星期几,以保证准确无误。电话接听完毕之前,不要忘记复诵一遍来电的要点,防止因记录错误或者偏差而带来误会,使整个工作的效率更高。例如,应该对会面时间、地点、联系电话、区域号码等各方面的信息进行核查校对,尽可能地避免错误。

做好电话记录。如果对方要找的人不在,要尽量做好电话记录工作。记录内容包括什么人,什么时间打的电话,大概要说什么事(如果对方不愿意,不必强问),对方有什么要求(是看到字条马上回电,还是晚上再打电话等)。通常很多人在转接电话时不予记录或者记录得非常简单,只有一个姓和一个电话号码,这样如果被找的人工作繁忙,这种电话可能得不到及时回复。

延伸阅读

当电话铃声响起……

昨天同事办公桌上有一部手机响了很久,大概有两三分钟,没完没了,响得其他同事都差点发狂。现在有四个答案供我们选择:第一,置之不理;第二,替她接听;第三,关机;第四,按"拒绝接听"键。

你选了哪个答案呢?第二个?可以。但只有机主的太太、先生或他的秘书才可以替机主接听手机,其他同事甲、路人乙或女朋友皆不能名正言顺地替机主接听手机。此话何解?举一个例子你便明白:你准备跳槽,申请了某公司的职位,如果对方要联络你,他们会怎样做?他们可能会发电邮或打你的手机,所以作为同事,请勿碰同事、朋友的手机。

按国际惯例,手机不比办公室的座机,是非常私人的东西,所以不论是电话号码还是电话内容,都是很私密的东西。因此,第一个答案是比较正常的做法。

那你可能会问:"如果那个电话不停地响,响到你头痛怎么办?"答案是第四个。但如果你找不到那个键,那么选择第三个答案,关机就好了。

无论你选择了第三个还是第四个答案,都应留一张字条在手机旁,说你已替机主关机或拒绝接听电话。

资料来源:周思敏:《你的礼仪价值百万》,中国纺织出版社2009年版。

控制通话时间。在工作时间,除了必要的寒暄与客套之外,要少说与工作无关的话题,杜绝电话长时间占线的现象存在。在打电话时,发话人应当自觉地、有意识地将每次通话的时长限定在3分钟之内,尽量不要超过这一限定。实际上,3分钟可讲1000个字,相当于两页半稿纸的内容,按道理是完全可行的。如果一次电话用了5分钟甚至10分钟,那很可能是通话者措辞不当,未抓住纲领、突出重点。

礼待打错电话者。有一些公司职员接到打错了的电话时,常常冷冰冰地说:"打错了。"最好能这样告诉对方:"这是××公司,您找哪儿?"如果自己知道对方所找公司的电话号码,不妨告诉他,也许对方正是本公司潜在的顾客。即使不是,你热情友好地处理打错的电话,也可使对方对公司抱有初步好感,说不定就会成为本公司的客户,甚至成为公司的忠诚支持者。

友善地结束通话。电话交谈即将结束时,应谦恭地问一下对方:"请问您还有什么事情吗?"结束电话交谈时,通常由打电话的一方提出,然后彼此客气地道别。挂电话时,打出电话的人应等对方先挂断,等待2—3秒钟后,自己再轻轻地放下话筒,切忌挂机动作用力过大。有人说:"挂起职业化、程式化的微笑并不难,讲电话的时候,'您好''谢谢'挂在嘴边也不难,但是如果迫不及待地重重挂断电话,你所有的礼貌、努力都一笔勾销。"

恰当地使用电话。发展良好商务关系的最佳途径是与客户面对面地商谈,而电话主要用来安排会见。当然一旦双方见过面,再用电话往来就方便多了。即使客户已将家中的电话号码告诉你,如果是公务,也尽量不要往家中打电话。在美国你可以通过电话向一个素不相识的人推销商品,而在欧洲、拉美和亚洲国家,电话促销或在电话中长时间地谈生意,就难以让人接受。

后续礼貌。挂断顾客的电话后,有许多业务人员会立即从嘴里跳出几个对顾客不雅的词汇,以放松自己的压力,这是一个不礼貌的坏习惯。

·第26课·

同事相处礼仪

——创造和谐的工作氛围

有道是"同事三分亲",同事就是共同做事的人,工作接触最密切的人。换一种说法就是抬头不见低头见的人。所以,同事在一起,开开心心,其乐融融,营造家一样的气氛,是非常愉悦的一件事。处理好同事关系,在礼仪方面应注意以下几点:

办公室同事间天天见面,相互之间很熟,但不能因此省略了一些基本礼节。适当的问候语不是听起来不自然或是很做作的语言,而是投入自己的关心与亲切的互动。进入他人办公室之前应该先敲门,得到允许后才进入。在办公室里与人相处要友善,说话态度要和气,要让人觉得有亲切感,不能用命令的口吻与别人说话。说话时,更不能用手指着对方,这样会让人觉得没有礼貌,让人有受到侮辱的感觉。不要翻动同事桌上的文件资料,还有电脑、传真机上与自己无关的任何资料。有任何资料需要移交给他人,一定要贴上小便签,写清时间、内容、签名,并且不要忘记说谢谢。

受各种主、客观因素的影响,同事之间必然有亲疏之分。志趣、性格相投的同事之间自然会接触、交谈得多一些,而志趣、性格不那么相近的同事可能交谈会少一些。有时几个人正聊得开心,忽然看见一个平时交往较少的同事走近,应热情招呼他加入谈话。这时你们若突然停止不谈,可能会使同事生疑。办公室有三人或三人以上时,不要使用方言与其中的一个人聊天,哪怕只是说一句话,都有可能会让在场听不懂方言的人产生误会,误认为所说的内容和他有关系,而且是负面的内容。即使你的口才很好,也不需要凡事都和同事争个面红耳赤、你死我活,自己的辩才应运用到与客户谈判上。

关于隐私,有三点需要注意:一是不背后议论同事的隐私。生活中有一些人喜欢在人背后说三道四,总以为当事人不知道,其实心理学家调查研究后发现,只有1%的人能够严守秘密。每个人都有别人不愿意知道的秘密,这与个人名誉密切相关,背后议论同事的隐私很可能会损坏同事的名誉,引起双方关系的紧张甚至恶化。二是不涉足同事的隐私。有时,同事不留意把心中的秘密说漏了嘴,对此,也不要去追问,探个究竟。碰到陌生人找同事谈话,如有可能,最好避开。即使无法离开,也不要伸着耳朵去"偷听"。看到同事在写东西或阅读书信,也要"躲避"。需要从其身旁走过时,不要离得太近,更不能去"窥视"。代转给同事的信件,只要放在其桌子上或信箱里即可。不要过分留意写信人的地址,更不能查看信中的内容。不要随便翻动同事的东西,如果要在同事的私人办公区找东西,最好让其代找,因急事确实需要在同事处找某样东西,而同事又恰巧不在,不得已自行拿取后,一定要向其说明情况,并表示歉意。另外,在跟同事交流过程中,切忌"揭人伤疤",更不能拿来当作开玩笑的谈资。三是不向同事随便诉说你的隐私。不可否认,向同事透露点隐私,能增加亲近感。有心理学研究表明,当一个人接受另一个人的隐私后,很容易对对方产生好感。但不是所有同事都可以去倾诉,如果彼此交浅言深,我们敞开心扉地说出心中的秘密,可能会适得其反,被小人利用。有时,对方在没有心理准备的情况下听到我们突然告诉他一个很有冲击性的秘密,可能因一时没办法接受而远离我们。另外，并非所有隐私都可以讲。"逢人只说三分话，未可全抛一片心。"即便对方是自己"死党"，什么话该说，什么话不该说，我们也需要拿捏好分寸。

不同于以往的传统社会，现代的中国社会，人们也开始崇尚个性凸现、个性张扬，但你在同事面前最好不要张狂自负，不要到处炫耀自己的能耐，也不要去炫耀自己的财力，否则不仅会引起同事的反感，还会招致嫉妒。尤其是初涉工作岗位的年轻人，更要注意谦虚谨慎，要致力于在工作中显露自己的才干，用实力去赢得别人由衷的认同。

取得成绩、奖励或受到领导肯定时，在同事面前要保持适当低调，尽量降低大家可能有的妒忌心理、抵触情绪。包括平时的着装打扮，也不应过分张扬、另类。否则，极易造成别人的反感，这也是很多矛盾的根源。

有一些人与同事的关系不好，是因为过于计较自己的利益，总去争求种种"好处"，时间长了难免会引起同事的反感。对那些细小的，不大影响自己前程的好处，多一些谦让，比如：单位里分发有限的东西时少分一些；一些荣誉称号多让给即将退休的老同事等；与他人共同分享一笔奖金或是一项殊荣等。这种豁达的处世态度无疑会赢得同事的好感，也会增强你的人格魅力，会带来更多的"回报"，俗语所说的"吃小亏占大便宜"从一定程度上就说明了这个道理。

除非涉及原则性的问题，对一些无关紧要的事，不能抓住不放，要大事化小、小事化了。不要将简单的问题复杂化，鸡毛蒜皮的小事也非得斤斤计较，论出个是非，自己身心疲惫不说，连同事也得罪了。要记住，真相有时不重要。放弃不重要的真相，并不是做墙头草，而是坚持该坚持的，放弃不该坚持的。真相重要与否，不在于你的感受，而在于这件事是否会对结果产生本质的影响，是否会改变一个人、一件事，是否关乎道德与底线。

延伸阅读

难得糊涂

　　糊涂的好处之一，便是减少不必要的烦恼。与同事、邻居，甚至萍水相逢的陌生人相处时，都不免会产生摩擦，引起烦恼，若斤斤计较，患得患失，往往越想越气，这样很不利于身心健康。如做到遇事糊涂些，烦恼自然会少得多。有一则外国寓言说，在科罗拉多州长山的山坡上，竖着一棵大树的残躯，它已有400多年的历史。在它漫长的生命里，被闪电击中过14次，无数的狂风暴雨袭击过它，它都岿然不动。最后，一小队甲虫使它倒在了地上。这个森林巨人，岁月不曾使它枯萎，闪电不曾将它击倒，狂风暴雨不曾使它屈服，可是，在一些可以用拇指和食指轻轻捏死的小甲虫持续不断地攻击下，它终于倒了下来。这则寓言告诉我们，人们也要提防小事的攻击，要竭力减少无谓的烦恼，若不能糊涂过日子，不时发生的小烦恼是足以毁灭一个人的。

　　糊涂的好处之二，便是有利于集中精力在工作或学习上。一个人的精力有限，如果一味在个人待遇、名誉地位上兜圈子，把精力白白地花费在钩心斗角、玩弄权术上，就不利于工作和学习。有建树者，大多有股"糊涂劲"，古今中外，不乏其例。居里去世后，有人胡乱渲染一些有关居里夫人的耸动谣言。开始，居里夫人痛不欲生。后来，她镇静下来，装作糊涂，不予反击，以埋头科学研究来粉碎妒才小人的诡计。第二次获得诺贝尔奖时，居里夫人再次驰名全球。这时，那些诽谤她的人，也感到羞愧，有的还请求居里夫人的宽恕。这叫"两岸猿声啼不住，轻舟已过万重山"。

糊涂的好处之三，在于有利于消除隔阂，以图长远。《庄子》中有句话说得好："人生天地之间，若白驹之过隙，忽然而已。"人生苦短，又何必为区区小事而耿耿于怀呢？即使是"大事"，面对别人的"愧对于你"，糊涂些，反而会感动人，从而改变人。公元200年10月的某一天，官渡之战刚刚打完，曹军正在清点战果的时候，一个官员抱着一大捆信件，急忙地来向曹操汇报：袁绍仓皇逃走，扔下不少东西，其中有一批书信是京城许都和曹营中的一些人，暗地里写给袁绍的。曹操接过信，翻了一下，这些信大都是吹捧袁绍的，有的干脆表示要离开曹营，投奔袁绍。曹操的亲信得知这些信的内容，都很生气，有的说："吃里扒外，这还得了！应该把他们抓起来。"曹操微微一笑，说："把这些信统统烧了。"这个命令，使在场的人都为之一愣。"不查了吗？"有人轻声地问。"是的，不查了。"曹操说。不查"内奸"，似乎糊涂，但实质是精明。曹操这样做，使那些暗通袁绍的人放下心里的一块大石头，旁人也觉得曹操度量大，愿意在他麾下效力。

资料来源：成向东：《人际交往法则：难得糊涂》，新浪博客，http://blog.sina.com.cn/s/blog_5fd0e39b0102e592.html。

同事之间一方面是事业上的合作者，但同时也是竞争者。在利益面前，稍有不慎，就会让原本关系很好的双方都很尴尬。另外，我们每个人都是不可能选择同事的。同事之间，存在观念、文化、知识、性格等方面的差异是必然的，这无疑会影响到彼此的处世态度和交际方式。如果同事之间交往过近、过密,有时相互间的个性差异会发生碰撞,反而会损害彼此间的关系。所以,同事相处,既要密切配合,又要保持适当的距离。

男女关系永远都是敏感的,在办公室里尽可能公平对待所有异性同事,至少也不要差别太大。如果和某位异性同事走得太近,其他的异性同事就会自动疏远你。而同性同事也有可能因妒忌而对你有意见。领导甚至会认为你"吃窝边草"而影响工作效率。总而言之,异性同事之间不要太过亲密,以避免不必要的烦恼。

延伸阅读

女秘书随上司外出时

女秘书随上司外出本来就是一个很敏感的话题,稍有不慎,有关你与上司的桃色新闻就会风起云涌般呼啸而至。只要我们深思一下就会发现,这个责任也许一半归咎于口无遮拦、心怀叵测的同事,一半则归咎于你的举止失当、态度暧昧。所以,与其让自己当作别人流言蜚语的"采购中心",倒不如一开始就把握住与上司交往的尺度,不让别人有传播谣言的话柄。

如果上司外出办事或购物时邀你同行,你受宠若惊也好,欣然应命也好,都要时刻记住:虽然出了公司的大门,但对方是上司,你仍是部属。如果上司对你表示出过于亲昵的态度,或者超过了对一般女性应有的礼节,你最好始终保持与上司之间的情感距离并以礼相待,并注意使用妥帖的措辞来应对其行为,这样就不怕引起与上司之间无谓的纠葛和同事的误会了。

　　有许多平时在部属面前不苟言笑且常颐指气使的上司，一旦和公司女同事单独到外地出差，在枯燥的旅途中就会以比平常较柔和亲切的语气说话，抑或在举止谈笑上显出较随意的一面。此时，你切不要得意忘形，随上司的态度改变自己，或毫无顾忌地迎合上司的态度与他随意亲近！如此，此事必将成为他人以讹传讹的源流。

　　公事之余参观名胜古迹时，你的上司也许会用"反正又没有人认识"的理由来说服你放心地与他以情侣般的姿态同游。遇到这种尴尬又棘手的事，你心中要谨记：公差是办公室的延伸，自己只是上司的"随从"。这样，你自然就会在行动上与之保持一定的距离，洁身自好。

　　若需要夜晚商量公事，且必须到上司的房间，绝不可披件睡衣就去，要穿着整齐后再去。如果看到你的上司穿着过于随意，可以用歉意的口吻提醒他说："对不起，我不知道你还没有整饬个人形象，待会儿我再来。"你的上司若不是"一匹色狼"，就会果断地将欲念"扼杀"。只要你处处注意自己的言谈举止，上司就会认为你是一个端庄的女性，而你也就用不着担心自己成为花边新闻的主角了。

　　资料来源：姚扶有：《女秘书与上司交往的礼仪》，《秘书之友》，2009年第6期。

　　同事之间可能有相互借钱、借物或馈赠礼品等物质上的往来，但切忌马虎，每一项都应记得清楚明白，即使是小的款项，也应记在备忘录上，以提醒自己及时归还，以免遗忘，引起误会。向同事借钱、借物，应主动给对方打张借条,以增进同事对自己的信任。有时,出借者也可主动要求借入者打借条,这也并不过分,借入者应予以理解,如果所借钱物不能及时归还,应每隔一段时间向对方说明一下情况。

古人云:"曲高和寡。"本来是说曲调高深,能跟着唱的人很少。在职场人际交往中,这就是一个大忌。如果你高高在上,俯视众生,那么大家都会远远地看着你,而不会真正与你谈心。只有深入人心,大家觉得你和蔼可亲了,你才可能获得交际的成功。

同事之间倘若发生矛盾,要忍一忍、让一让,相互克制,尽量避免发生正面冲突。因为同事之间争吵后仍要在一起共事,甚至要相互竞争,这种特别的交际关系,使得同事间的交际情感裂缝比较难以弥合,情感创伤也较难平复。

人都有遇到挫折的时候,当同事心情不好,说话做事就要注意一点,毕竟大家朝夕相处,能忍则忍,不必过于计较同事在非常情况下的态度。若双方关系不错,还应该主动表达关心,该安慰则安慰,能出主意则出主意。我们也必须注意自己的态度,不把生活中的情绪带到工作中来。一旦自己因情绪失控说了不好的话,应第一时间向对方致歉并解释原因。

在跟同事交往的过程中,谈话的内容通常会涉及天文、地理、历史、政治、经济、哲学等方面的话题。不要好为人师,总想知道得比对方多,比对方技高一筹。你若是在谈话中表现得"万事通""耍大牌"的话,最后一定会"打自己的嘴巴,砸自己的脚"。交谈是一种增进相互了解,促进相互沟通的手段,而不是让你表现渊博学识、广泛见识的舞台。老子曾经这样说过:"言者不知,知者不言。"就是说,虽然一个人在与人交谈的时候什么都说,但实际上,他却是什么都不懂。

· 第 27 课 ·

离职礼仪

——"再见"亦优雅

　　一个成熟的职场人士,即使在辞职之时,也要多考虑一下自己的离开可能对原公司造成的冲击,更应该考虑降低自己的辞职成本。纵使你对公司有强烈不满,离职也要低调,要给自己留有余地,不要把与上司的关系弄僵。

　　慎重对待辞职。辞职之前一定要想清楚辞职的目的,为什么要辞职。弄清楚自己的目的后,再比较一下"旧"公司与"新"公司哪个更能满足你的目的,然后再决定是否要主动辞职。有的人因为犯了错误,觉得无法在原公司再待下去,所以想赶紧走人了事。虽然这种办法能暂时摆脱困境,但对自己以后求职会有不好的影响。最好的办法就是硬着头皮撑一段时间,等别人渐渐忘记自己的错误后再辞职。不要试图用辞职一事作为威胁,让上司提拔你。大多数上司咽不下这一口气,即使暂时满足了你的要求,留下了你,对你也不会有好的印象。

　　说明辞职原因。辞职不仅对你自己有影响,对同事、对上司,甚至对部门都会有影响。所以,一旦决定辞职,应当立即通知你的上司,最好的做法是首先递交给他一封礼貌委婉的辞呈,诚实地说明辞职的原因。理由要充分,让上司感到确实难以拒绝。有些人可能会选择欺骗,这种逃避的方法短期或许可以避免尴尬,可万一很快"穿帮",被原公司发现真相,难保你的信誉未来不受影响。

不能说走就走。不要提了辞职就立刻走人,要按照当初入职时合同中所规定的离职提前通知期办理离职手续。即便合同中没有提到这一期限,也还是要留出两周以上的提前通知时间,以便公司能安排接替的人选。

站好最后一班岗。在提前通知期内,很多人都会进入一种"退出模式"——他们来上班的时间不如以前那么早了,在工作量减少的同时,闲谈的时间比以往更多了。有些人甚至开始在工作时间经营自己的事业。如果你仍然能百分之百地付出,直到离开公司的最后一天,你就会得到上司的尊重。

做好工作交接。你不妨帮助公司寻找替代人选,因为对于这份工作所需要的技能,你本人是再清楚不过了。确定离职后,要把所有手头工作交接妥当,以免到了新公司后还要受原公司残余业务的拖累。在工作过渡期间,要积极伸出援手,为你的继任者提供必要的帮助,告诉他们工作的诀窍,让其能够轻松地接手。

不要给公司大提建议。在你离开时,上司可能希望你能给公司提一些建议,这时应该把握好一个度,应该多赞美公司,并强调自身的不足和缺点,不要过多评价同事之间的矛盾,虽然你已经离开了,但有些"实话"可能会招致别人对你的不满,这时再得罪自己的原同事实在是得不偿失。

清理你的电脑。要确保你离职后没留下任何私人信息。如果你以前是使用公司邮箱地址在网上注册的账号,将账号改为你的私人邮箱地址,并记牢,然后通知你一直联系的朋友,告知他们这一变更。如果你下载了私人使用的软件,要将其删除,也要将你下载的所有即时通信工具删除。

怀抱一颗感恩的心。个人职业经历的每一个阶段都离不开所在工作单位的锻炼和培养,个人所取得的成就与单位的培养密不可分。所以,无论如何,要感谢公司领导对你的栽培、同事对你的帮助。离职之际,不妨以电子邮件的方式给上司和同事发一封温馨的告别信。

好聚好散。在离开公司之时,应向与你一起工作过的同事道别,并提出与他们继续保持联系的希望,切记不要滔滔不绝地表达即将离职你是何等高兴。即使与上司之间存在一些矛盾,也不要表现出你对上司的个人怨恨,因为这可能被视为一种心胸狭窄的人身攻击。背景调查已经成为职场上的一项重要环节。你计划跳槽去的那家公司也许会找到你以前的上司或同事,通过他们了解你的工作表现和人际关系。

遵守职业道德。即使公司对你有所亏欠,也绝不把自己的客户关系全带走。任何带走的资料,要确认是否有知识产权问题。离开公司后,不要传播原来公司的秘密。这么做严重触犯了商业社会的行业规矩,西方社会极其厌恶这样的泄密者。不要积极挖原公司的人进新公司。

不诋毁原公司。离开公司后,不要说不利于原公司的话。不要在新的上司面前,一个劲地抱怨前任上司。再次遇到老同事时,不要吹嘘你的新工作,或者一个劲地鼓动他们也辞职。

保持一定的联系。离开公司后,不要把以前的领导、同事忘得一干二净。逢年过节,不妨打个电话、发个短信问候一下原公司的老同事、老领导,这应该是一件非常愉快的事情。很多辞职的员工在调离后,甚至成为原来的上司和公司很好的朋友与客户。世界很小,没准哪一天你们又在同一家公司工作了呢!而且在新公司遇到什么疑问,也完全可以向原来的同事请教。要是原公司有什么事情需要你去做的时候,也同样尽力去做,如此一来,你的胸襟宽阔也就不言而喻了。

保护自己的合法权益。辞职之后,一定要注意保护自己的合法权益。必要的时候还可以寻求法律的帮助。

延伸阅读

禁孕合同是无效的

已婚女士小高在一年前与一家酒店签订了一份为期两年的劳动合同。合同规定:"凡在本酒店工作的女性员工,在合同期内不得怀孕,否则酒店有权解除劳动合同。"当时小高急于找到一份工作,加上酒店提供的待遇也还不错,没多考虑就签下了这份合同。后来,因为种种原因,小高怀孕了。这件事被酒店领导知道后,酒店领导便以违反劳动合同为由,与小高解除了劳动合同,使其生活陷入了无着落的困境。小高要求与酒店维持劳动关系。

本案例中,虽然小高与酒店签订的劳动合同中有"合同期内不得怀孕"的条款,但因该条款违反了有关法律的规定,因此是无效的。公民的生育权是法律赋予公民按照国家有关规定生子女的权利。公民可以在法律许可的范围内随意处置自己的这项权利。公民可以选择生育子女,也可以选择放弃生育子女,生育权不因为与他人的协商行为而受到限制。公民即使一时放弃了这种权利,以后想生育子女时,同样可以继续行使生育权。而类似的"禁孕协议"限制了女性求职者的生育权利,实际上是变相限制了女性求职者的生存权利,而生存权是公民最基本的权利之一,因此"禁孕协议"

并没有法律效力,也不会受到法律的保护。该酒店不仅不能解除与小高所签订的劳动合同,而且她还享有孕期、产期、哺乳期内的有关劳动保障和福利待遇。

　　资料来源:张建宏:《现代实用礼仪教程》(第1版),河南大学出版社2015年版。

· 第28课 ·

拜访礼仪

——礼节是拜访的"敲门砖"

拜访礼仪是决定拜访成功与否的决定性因素之一,是个人素养的集中体现,是所在单位形象的有效宣传。

一次失败的业务拜访

前两天在一经销商朋友的酒窖喝茶聊天,恰逢某知名国产葡萄酒企业的业务员前来谈生意。朋友说,你也看看他们是怎么工作的。

业务员是两个年轻的小伙子,进来后很小心地把样品(某葡萄酒企业的两个手提袋)放在地上,向我朋友做自我介绍,声音比较小。朋友说,你们请坐吧。两人表情怯怯的,犹豫了一会儿才各自坐下,拿出产品摆在茶几上,让我们看。一个业务员把名片递给了我朋友,也跟我打了个招呼,但是我没听清楚他们是哪个单位的,姓甚名谁,也只好支支吾吾地应付了几句。看样子他们好像是事先约过的。朋友问道："请问你们来的目的是什么？"两位业务员显然没有料到开场就是这个问题，慌忙说道："我们来拜访您是看有没有机会合作。"朋友看了样品说："这款重？瓶不错，我很喜欢，就是外盒包装不好。"仔细一看，才发现这是那个国产品牌的买断经营产品，这两人并非厂家的，而是该产品的四川总经销的业务员。

短短几分钟，我就得出了该公司业务员欠缺业务谈判基本常识的结论。具体表现在：①衣着随便，缺乏基本业务形象。他们一个穿着牛仔裤、花格子衬衫，另一个穿着半截裤，衬衣不清爽。②面部表情僵硬，没有微笑，给人以陌生感，让人产生排斥心理。③说话声音小，吐字不清，显然没有自信心，胆怯，认生。④礼数不周，只给我朋友发名片，没有给在场的人都发。⑤自我推销缺乏层次和重点。对自己的介绍没有标准格式，除了语言表达有问题外，还遗漏了重要的内容，那就是没有简明扼要地表明自己的目的。

销售人员是公司和产品的代表，客户往往是先接受销售人员，再接受产品，最后才接受公司。销售人员形象的好坏，直接代表了企业形象、产品形象的好坏。一般来说，个人形象包括两个方面，一是外在有形的形象，二是内在无形的形象。有形的形象指衣着、发型、色彩搭配要得体合理，这是销售人员最直接的工具，因为客户不喜欢向形象糟糕的销售人员购买产品。有的销售人员认为在形象上投资，是一种浪费，其实不然。社会节奏越来越快，人和人之间的距离越来越远,很少会有人愿意花时间来慢慢发掘你的内涵。尤其是客户,他是来买产品的,没有时间了解销售人员,所以最常见的是"以貌取人"。无形的形象主要指销售人员的精神面貌和礼仪表现。人们都喜欢和精神饱满的人在一起,喜欢和开朗、快乐的人在一起,喜欢和带着笑容的人在一起,喜欢和会赞美的人在一起,这些都是无形的形象。如果销售人员自己都无精打采的,客户又怎么会相信他所销售的产品的品质呢?从销售人员和客户会面的第一个微笑开始,个人形象的展示就开始了。你是否精神饱满地展示你的微笑、你的阳光、你的友好?是否快步向前和对方握手?是否真诚地注视着对方的眼睛?是否得体地交换名片,并留给对方你很在意很重视对方的印象?这一切,都关系到给客户留下的印象,直接影响客户对销售人员的评价,以及最后营销的成败。

资料来源:张建生:《一次失败的业务拜访案例破解》,《销售与市场·农资与市场》,2011年第4期,有删改。

在拜访之前,应对拜访对象及其所在单位有所了解,做好相应的功课。应对自己的形象充分重视,整理妥当后再前往拜访。整洁干净的仪表不仅表达了对客户的敬意,同时也表明了自己对拜访的重视程度。

约定拜访时间是拜访的第一步,在与客户约定时间时,要以客户的时间为准,要在客户方便的时候进行拜访。尽量不要安排在客户业务繁忙的时间或生理倦怠期,如一般单位周一通常会比较忙,而周五一些人已经在为即将到来的周末做准备。拜访者应该按照约定时间如期而至，如果确有特殊原因，致使拜访不能进行，应及早向客户致歉并说明原因，取得谅解，避免打乱客户的安排。

拜访时，不管你遇到的是热情的还是冷漠的人，都需要有迅速拉近彼此距离的语言技巧。适当的寒暄往往是讨论正题的前奏，它是人际交往的一种润滑剂。林语堂先生曾对拜访有过精彩的描述。他认为拜访交谈分为四段：一是谈天气，评气候；二是叙往事，追旧谊；三是谈时事，发感慨；四是所奉托"小事"。如果你找到了与潜在客户的共同点，谈话往往会更加顺利、愉快。寻找共同点，首先要善于观察对方的服饰、谈吐、行为举止等方面，从中捕获信息。赞美也是陌生拜访中接近客户的一种方式（技巧），赞美最好从细微之处入手，可赞美客户的办公室布置、客户最得意的事、客户的兴趣爱好、客户喜爱的人或物……

适时请辞。除非有要事相商，拜访时间不宜过长，一般在 15 分钟至半小时即可，以免耽误对方的其他事情。如果客户执意挽留，比如请客人留下用餐，那么餐后不宜马上离开，应在饭后留一会再走。见客户有倦意或流露出"厌客"之意，应知趣，果断告辞。

与拜访礼仪对应的接待礼仪也是大家不可不知的重要社交方式，在接待中的礼仪表现，同样关系到员工自身与所在单位的形象。对于来访者，应起身握手相迎；对于上级、长者、客户来访，要起身上前迎候；对于不是第一次见面的同事、员工，可以不起身。不能让来访者坐冷板凳。如果自己有事暂不能接待来访者，要安排助理或相关人员接待客人。不能冷落了来访者。要认真倾听来访者的叙述。来访者都是有事而来，因此要尽量让来访者把话说完，并认真倾听。对来访者的意见和观点不要轻率表态，应思考后再回复，对一时不能作答的，要约定一个时间再联系。对能够马上答复的或立即可办理的事，应当现场给予答复，不要让来访者等待，或再次来访。正在接待来访者时，有电话打来或有新的来访者,应尽量让助理或他人接待,以避免中断正在进行的接待。对来访者的无理要求或错误意见,应有礼貌地拒绝,不要刺激来访者,使其尴尬。要结束接待,可以婉言提出,也可用起身的体态语言告诉对方本次接待就此结束。

·第29课·

谈判礼仪

——礼仪细节关乎谈判成败

商务谈判是不同的经济实体各方为了自身的经济利益和满足对方的需要,通过沟通、协商、妥协、合作、策略等各种方式,把可能的商机确定下来的活动过程。谈判讲究的是理智、利益、技巧和策略,但这并不意味着它绝对排斥人的思想、情感从中起的作用。在谈判中以礼待人,不仅体现着自身的教养与素质,还对谈判对手的思想、情感产生一定程度的影响。

延伸阅读

谈判,智斗成产业

英国某啤酒公司的副总裁在去南美做商务旅行时,接到总部的传真,要他在归途中顺便去牙买加和当地一家甜酒出口公司的经理谈生意。这位副总裁此前没有办牙买加公务旅行的签证,若临时办一个,时间又来不及。于是,他只好以旅游者的身份来到金斯敦的诺尔曼雷机场。在检查护照的关口,移民官从他皮包里的工作日志及来往信函中判断他是在做商务旅行,所以不许他入境。他反复向移民官声明,自己不过是在返回伦敦前来这儿做短暂的休整,这才勉强被允许入境。

他一在旅馆安顿好,便打电话和那个甜酒出口商联系。刚打完电话,就来了个移民局的官员,说他是怀着商务目的来到此地,而没有取得应有的签证。移民官对他说,他将受到有关方面的严密监视,一旦发现从事商务活动,便立即将他驱逐出境,并处以高额罚款。足足两天,他身边总有一个警察,像个影子似的,使他不得不像个旅游者一样打发时光。看来,他此行只能白费时间和金钱了。但是在他离开之前,却在警察的眼皮底下与那个甜酒出口商谈成了生意。令人想不到的是,他是在游泳池里进行商务谈判的。

旅馆设有游泳池,池旁有个酒吧供客人喝喝饮料,稍事休息。监视的警察只见他与一个身着比基尼泳装的妙龄女郎坐在酒吧里喝酒,还有一搭没一搭地和酒吧服务员聊天,却不知那个服务员竟是出口商装扮的,而那名妙龄女郎则是他的女秘书。

专家介绍,商务谈判中怪招频频。我国知识产权代表团首次赴美谈判时,纽约好几家中资公司都"碰巧"关门,忙于应付所谓反倾销活动。其实,这也是谈判技巧,美方企图以此对我国代表团造成一定的心理压力。此外,在谈判中,有些谈判对手会故意设计不利场景。比如,座位阳光刺眼,看不清对手的表情;会议室纷乱嘈杂,常有噪音或其他干扰;疲劳战术,连续谈判,并在我方疲劳和困倦的时候提出一些细小但比较关键的改动,让你难以觉察。突然的噪音、不良的环境容易使人疲劳,常会使人感到自己置身于不利处境中,但一时又说不出为什么。可见,商务谈判需要随机应变,任何地方、任何场景都可以用来谈生意。无论是危机化解谈判、商业谈判,还是工资谈判等,都是斗智。

资料来源:郭艺珺、王敏华:《谈判,智斗成产业》,《解放日报》,2007年5月12日。

谈判地点如果选择在洽谈对手所在地,到客场洽谈必须了解当地的风俗人情,做到入乡随俗。谈判地点如选择在己方,作为东道主必须注重礼貌待客,邀请、迎送、接待、洽谈的组织等必须符合礼仪要求。身为东道主时,应按照分工,自觉地安排、布置好谈判环境,使之有利于谈判的顺利进行。谈判室内应保持安静,房间不应临近喧闹的大街,不应在施工场地附近,门窗应隔音,周围没有电话铃声、脚步声、人声等噪音干扰。室内的家具、门窗、墙壁的色彩力求和谐一致,陈设安装应实用美观,留有较大的空间,以利于人的活动。用于谈判活动的场所应力显洁净、典雅、庄重、大方。宽大整洁的桌子、简单舒适的座椅(沙发),墙上可挂几幅风格协调的书画,室内也可装饰适当工艺品、花卉、标志物,但不宜过多过杂,简洁实用即可。

一般洽谈会以椭圆桌或长桌为宜,双方人员各自在桌子的一边就座。倘若将谈判桌横放,那么面对洽谈室正门的一侧为上座,应请客方就座。如谈判桌是竖放的,进门时的右侧为上座,由客方就座;进门时的左侧为下座,由主方就座。双方主谈人员应各自坐在己方一侧的正中间。副手或翻译坐在主谈人员右边的第一个座位,其他参谈人员

以职位高低为序,依次"右一个,左一个,右一个,左一个……"地分别坐
在主谈人员的两侧。小规模的洽谈,可不放洽谈桌,在室内摆放几把沙
发或圈椅,按"以右为尊"的原则,"客右主左",就座即谈。也可以交叉
而坐,以增添合作、轻松、友好的气氛。无论是双边谈判还是多边谈判,
桌子和椅子的大小应该与环境和谈判级别相适应:会议厅越大,或谈判
级别越高,桌子和椅子通常也相应较大、较宽绰;反之,就会给谈判者心
理带来压抑等不适感。与长方形谈判桌不同,圆形谈判桌通常给人以
轻松自在感。所以在一些轻松友好的会见场所,一般采用圆桌。

　　谈判之初,谈判双方接触的第一印象十分重要。初次与人交往,
有的人便能给人留下深刻的甚至终生难忘的印象,有的人却似过眼烟
云不能给人留下半点记忆,这就是第一印象作用不同的结果。心理学
实验表明,在人际交往中,双方接触的前3分钟是形成直觉至关重要
的时间区域,这3分钟的直觉如何,会一直影响到以后交往相当长的
一段时间甚至交往的全过程。这就是所谓的"首因效应",也叫"3分钟
效应"。如何把握好这关键的"3分钟",给人留下良好的第一印象呢?
谈判者的仪表非常重要。参加谈判的人员应认真修饰个人仪表,女士
化妆应当淡雅清新、自然大方,绝不可以浓妆艳抹。参加正式谈判时
的着装,一定要简约、庄重,切不可"摩登前卫"、标新立异;一般而言,
选择深色套装、套裙,白色衬衫,并配以黑色皮鞋,才是最正规的。得
体的服饰反映出一个人良好的品德修养和精神风貌,由此产生"光环
效应",从而让对方产生信任感和亲切感。

　　谈判之初可选择双方共同感兴趣的话题稍作寒暄,以沟通感情,
创造温和的气氛。谈判中应当尽量使用委婉语言,这样易被对方接
受。比如,在否决对方要求时,可以说"您说的有一定道理,但实际情
况稍微有些出入",然后再不露痕迹地提出自己的观点。这样做既不
会有损对方的面子,又可以让对方心平气和地认真倾听自己的意见。

当对方陷入困境或有难办之处时,应向对方表示友好,可以暂时放下谈判问题闲聊一下,或开诚布公地问明对方的困难,设身处地地为对方着想,通过友好宽慰的语句营造和谐的谈判气氛。发问时,要注意语速平和,否则对方会认为你不耐烦或像在审问人似的;提出敏感性问题时,应说明一下发问的理由。杜绝使用威胁性、讽刺性的发问语气,也不能采用审问式或盘问式的发问方式。谈判中,要善于倾听,这既是一种谦恭有礼和有修养的表现,又是一种掌握对方情况,摸清其底细的制胜之术。多倾听还要求谈判者在对方陈述我方不感兴趣的问题时,不能不理不睬或一味装作没听见,而应该适当做出言语或行为的表示,以表明我方的态度。在紧张的谈判中,没有什么比长久的沉默更令人难以忍受。但有时也需要沉默,恰到好处的沉默可以取得意想不到的良好效果。

商务谈判中,谈判者通过姿势、手势、眼神、表情等非发音器官来表达的无声语言,往往在谈判过程中发挥着重要的作用。谈判之初的姿态动作对把握谈判气氛起着重大作用。谈判中,谈判者的手势要自然,不宜乱打手势,以免造成轻浮之感。切忌双臂在胸前交叉,那样显得十分傲慢无礼。眼睛被誉为"心灵的窗户"。《诗经》里就有"巧笑倩兮,美目盼兮"等诗句,眼神能折射出一个人或喜或悲或欣赏或鄙视等内心深处复杂细微的情感世界,是其他任何器官无法替代的。平常我们所说的炯炯有神、慧眼如炬、明眸善睐、含情脉脉、暗送秋波等,说的都是眼神在表情达意上所起到的功效。正如一首歌所唱的那样:"像一阵细雨洒落我心底,那感觉如此美丽,虽然不言不语,却教人难忘记。"谈判中,谈判者要善用眼神。注视对方时,目光应停留在对方双眼至前额的三角区域正方,这样使对方感到被关注,觉得你诚恳严肃。保持适度的目光交流,既是对言谈者的欣赏和鼓励,也是表示自己在充满兴趣地倾听,这无疑会加深对方对你的好感。谈判中,要细心观察对方的举止表情,并适当给予回应,这样既可了解对方意图,又可表现出尊重与礼貌。如四个日本人和四个澳大利亚人在一起谈判,澳大利亚人观察到其他三个日本人在说重要问题时总是要先看坐在中间的那个人的眼色,如果他点头,他们就会讲下去;每次这个人身边的人都会帮他把饮料打开并把饮料倒在杯子里,但其他三个人之间相互并不这样做;每次坐下时都有人帮他拉椅子;每次走时都是他先走。尽管澳大利亚人曾以为对方和他们一样,相互之间是平等的,但观察到这些现象后,他们得出一个结论:这个人可能是对方的负责人,是真正有决策权的人。于是他们模仿其他日本人的言行举止,主要的问题对着他说,对他多一些恭敬。

在谈判过程中,需要十分注意情感的流露。感情流露在谈判中有时难以抑制。有时处理不当,矛盾激化,会使谈判陷入困境,双方之间很难再合作下去。适当的时候真诚地赞美对手,可以扭转对手的低落情绪,甚至是愤怒情绪,对进一步开展合作很有帮助。

在谈判桌上,每一位成功的谈判者均应做到心平气和,处变不惊,不急不躁,冷静处事。既不成心惹谈判对手生气,也不自己找气生。谈判往往是一种利益之争,因此谈判各方无不希望在谈判中最大限度地维护或者争取自身的利益。然而从本质上来讲,真正成功的谈判,应当以妥协即有关各方的相互让步为结局。这也就是说,谈判不应当以"你死我活"为目标,而应当使有关各方互利互惠、互有所得,实现双赢。在谈判中,只注意争利而不懂得适当地让利于人,只顾己方目标的实现,指望对方一无所得,这样既没有风度,也不会真正赢得谈判的。在谈判过程中,无论身处顺境还是逆境,都不可意气用事、举止粗鲁、表情冷漠、语言放肆。在任何情况下,谈判者都应该待人谦和、彬彬有礼,对谈判对手友善相待。即使与对方存在严重的利益之争,也切莫对对方进行人身攻击、恶语相加、讽刺挖苦。

·第30课·

公关礼仪

——礼仪助力组织形象塑造

所谓公共关系礼仪,就是社会组织的公共关系人员或其他人员在公共关系活动中,为了树立和维护组织的美好形象,开展公共关系活动时必须遵循的尊重公众,讲究礼貌、礼节,注重仪表、仪态、仪式等的程序或规范。在公共关系交往中,公关礼仪显示出独特的魅力。

庆典礼仪:提升组织对内凝聚力、对外形象力

商业活动中往往要举行各种仪式,如开业典礼、周年庆典、荣誉庆典等。针对某项业务活动,举行一个气氛热烈而隆重的仪式,是现代社会的重要社交方式,也是组织方对内营造和谐氛围、增强凝聚力,对外协调关系、扩大宣传、塑造形象的有效手段。

筹备一次庆典,先要对它做出一个总体的计划。商务人员如果受命完成这一任务,需要记住两大要点:其一,要体现出庆典的特色;其二,要安排好庆典的具体内容。毋庸多言,庆典既然是庆祝活动的一种形式,那么它就应当以庆祝为中心,把每一项具体活动都尽可能地组织得热烈、欢快而隆重。站在组织者的角度来考虑,庆典的内容安排,至少要注意出席者的确定、来宾的接待、环境的布置及庆典的程序

等四大问题。

　　首先,精心确定好庆典的出席人员名单。庆典的出席者不应当滥竽充数,或是让对方勉为其难。确定庆典出席者名单时,始终应当以庆典的宗旨为指导思想。一般来说,庆典的出席者应包括如下人士:一是上级领导,包括地方党政领导、上级主管部门的领导。他们大都对单位的发展给予过关心与指导,邀请他们参加,主要是为了表示感激之心。二是社会名流。根据公共关系学中的"名人效应"原理,社会各界的名人对于公众最有吸引力,能够请到他们,将有助于更好地提高本单位的知名度。三是大众传媒。在现代社会中,报纸、杂志、电视、网络、广播等大众媒介,被称为仅次于立法、行政、司法三权的社会"第四权力"。邀请他们,并主动与他们合作,将有助于他们公正地介绍本单位的成就,进而有助于加深社会对本单位的了解和认同。四是合作伙伴。在商务活动中,合作伙伴经常是彼此同呼吸、共命运的。请他们来与自己一起分享成功的喜悦,是完全应该的,而且也是绝对必要的。五是社区关系,是指那些与本单位共居同一区域,对本单位具有种种制约作用的社会实体。例如本单位周围的居民委员会、街道办事处、医院、学校、养老院、商店以及其他单位。请它们参加本单位的庆典,会使对方进一步了解本单位、尊重本单位、支持本单位,或是给予本单位更多的方便。六是单位员工。员工是本单位的主人,本单位每一项成就的取得,都离不开他们的兢兢业业和努力奋斗。所以在组织庆典时是不容许将他们完全"置之度外"的。以上人员的具体名单一旦确定,就应尽早发出邀请或通知。鉴于庆典的出席人员甚多、牵涉面极广,故不到万不得已,均不应将庆典延期、改期或取消。

　　其次,精心安排好来宾的接待工作。与一般商务交往中来宾的接待相比,对出席庆祝仪式的来宾的接待,更应突出礼仪性的特点。不但应当热心细致地照顾好全体来宾,而且应当通过主办方的接待工作,使来宾感受到主人真挚的尊重与敬意。所以,庆典一经决定举行,即应成立对此全权负责的筹备组。筹备组成员通常应当由各方面的有关人士组成,他们应当是些能办事、会办事、办实事的人。在庆典的筹备组之内,可根据具体的需要,下设若干专项小组,在公关、礼宾、财务、会务等各方面"分兵把守",各管一段。其中负责礼宾工作的接待小组,大都不可缺少。庆典的接待小组,原则上应由年轻、精干、形象较好、口头表达能力和应变能力较强的男女青年组成。接待小组成员的具体工作有以下几项:其一,来宾的迎送。即在举行庆祝仪式的现场迎接或送别来宾。其二,来宾的引导。即由专人负责为来宾带路,将其送到指定的地点。其三,来宾的陪同。对于某些年事已高或非常重要的来宾,应安排专人陪同,以便关心与照顾。其四,来宾的接待。即指派专人为来宾送饮料、上点心,以及提供其他方面的关照。

再次,精心布置好举行庆祝仪式的现场。举行庆祝仪式的现场是庆典活动的中心地点。对它的安排、布置是否恰如其分,往往会直接关系到庆典留给全体出席者的印象的好坏。依据仪式礼仪的有关规范,商务人员在布置举行庆典的现场时,需要通盘思考的主要问题有:一是地点的选择。在选择具体地点时,应结合庆典的规模、影响力,以及本单位的实际情况来决定。本单位的礼堂、会议厅,单位内部或门前的广场,以及外借的大厅等均可适时予以选择。不过在室外举行庆典时,切勿因地点选择不慎,制造噪声、妨碍交通或治安,顾此而失彼。二是环境的美化。在反对铺张浪费的同时,应当量力而行,着力美化庆典举行现场的环境。为了烘托出热烈、隆重、喜庆的气氛,应张挂标明庆典具体内容的大型横幅。三是场地的大小。从理论上说,场地的大小应与出席者人数的多少成正比。也就是说,场地的大小,应同出席者人数的多少相适应。人多地方小,拥挤不堪,会使人心烦意乱。人少地方大,则会让来宾对本单位产生"门前冷落鞍马稀"的感觉。四是音响的准备。在举行庆典之前,务必把音响准备好。尤其是供来宾们讲话使用的麦克风和传声设备,在关键时刻绝不允许临阵"罢工"。在庆典举行前后,通常播放一些喜庆、欢快的乐曲,但是对于播放的乐曲,应先期进行审查,不能出现背离庆典主题的乐曲,如那些凄惨、哀怨、让人心酸和伤心落泪的乐曲,或是那些不够庄重的诙谐曲和爱情歌曲。

最后,精心拟定好庆典的具体程序。仪式礼仪规定,拟定庆典的程序时,有两条原则必须坚持:第一,时间宜短不宜长。大体上讲,时间以一个小时为极限。这既是为了确保其效果良好,也是为了尊重全体出席者,尤其是为了尊重来宾。第二,程序宜少不宜多。程序过多,不仅会加长时间,还会分散出席者的注意力,并给人以庆典内容过于凌乱之感。

新闻发布会礼仪:与媒体沟通的智慧

新闻发布会,简称发布会,有时亦称记者招待会。它是一种主动传播各类有关信息,谋求新闻界对某一社会组织或某一活动、事件进行客观而公正的报道的有效沟通方式。对商界而言,举办新闻发布会是自己联络、协调与新闻媒介之间关系的一种最重要的手段。

筹备新闻发布会,要做的准备工作甚多。其中最重要的是要做好主题的确定、时空的选择、人员的安排、材料的准备等具体工作。在新闻发布会上,主办单位的交往对象自然以新闻界人士为主。在事先考虑邀请新闻界人士时,必须有所选择、有所侧重。不然的话,就难以确保新闻发布会真正取得成功。新闻记者大都见多识广,又是有备而来,所以他们在新闻发布会上经常会提出一些尖锐而棘手的问题。遇到这种情况时,发言人能答则答,不能答则应当巧妙地避实就虚,或是直接说无可奉告。无论如何,都不要恶语相加,甚至粗鲁地打断对方的提问。吞吞吐吐、张口结舌,也不会给人留下好的印象。

在新闻发布会上,代表主办单位出场的主持人、发言人是被媒体视为主办单位的化身和代言人的。有鉴于此,主持人、发言人对于自己的外表,尤其是仪容、服饰、举止,一定要事先进行认真修饰。按照惯例,主持人、发言人要进行必要的化妆,并且以化淡妆为主。发型应当庄重而大方,男士着深色西装套装、白色衬衫、黑鞋、黑袜,并且打领带;女士则宜穿单色套裙、肉色丝袜、高跟皮鞋。服装必须干净、挺括,一般不宜佩戴首饰。在面对媒体时,主持人、发言人都要注意举止自然大方,要面带微笑,目光炯炯,表情松弛,坐姿端正。

在新闻发布会上,主持人、发言人的言行都代表着主办单位。所以必须对自己的讲话分寸予以重视:首先要简明扼要。不管是发言还是答问,都要条理清楚、重点集中,让人既一听就懂,又难以忘怀。不要卖弄口才、口若悬河。其次要提供新闻。新闻发布会,自然就要有新闻发布,媒体就是特意为此而来的。所以在不违法、不泄密的前提下,要善于满足对方在这一方面的要求,还要在讲话中善于表达自己的独到见解。再次要生动灵活。在讲话之际,讲话者的语言是否生动,话题是否灵活,往往直接影响到现场气氛的好坏。在冷场或者冲突中,讲话者生动而灵活的语言,往往可以化险为夷。因此,适当地采用一些幽默风趣的语言、巧妙的典故,也是必不可少的。

商务宴请礼仪:沟通感情,增进友谊

商务宴请场合中表示欢迎、庆贺、饯行、答谢,是增进友谊和融洽气氛的重要手段。宴会是公关活动中较为常见的宴请形式,有午宴和晚宴之分,以晚宴最为隆重和正规。宴会是正餐,由服务人员顺次上菜。冷餐会是一种较为灵活、不备正餐的宴请形式,公关活动中也时常可见。冷餐会的特点是不排席次,席间可自由活动,宾客自由取食进餐。酒会,亦称鸡尾酒会。这种宴请形式的最大特点是活动范围大,不设座椅,主客都可随意走动,适宜公关双方自由地交谈,气氛显得比较活泼,而且宾客可以在整个活动中的任何时候到达或退席,不受拘束。工作进餐是一种以谈论工作为目的的宴请形式,边吃边谈问题。一般是在日程安排不开的时候,才采用这种方式。它是一种非正式的宴请形式,与餐人员一般都是与某一特定的公关活动有直接关系的公关人员或公众。工作进餐按用餐时间可分为工作早餐、工作午餐和工作晚餐。

延伸阅读

美国国宴

美国国宴是总统对外宾最隆重的礼遇。作为美国社交界和外交界最重要的活动,来宾邀请名单是一个引人关注的焦点。国宴策划者既要保证每一个出席者都是高贵而有身份的人,又要注意不要伤害那些虽然没有被邀请到,但仍然"有头有脸"的人。克林顿为答谢其竞选赞助者,不断扩充邀请名单,最大型的一次国宴甚至邀请了700名客人。在一次国宴上,为了能多邀请几个重要的客人,布什的顾问卡伦·休斯和罗夫都自愿退出国宴。为安抚许多资格已够,但没被邀请的人,白宫还邀请他们参加国宴之后的一系列娱乐活动,没被邀请参加娱乐活动的人则被邀请参加白宫当天的午餐。

前白宫御厨沃尔特·沙伊布曾说:"国宴与其说是宴会,倒不如说是一台百老汇歌剧。公众会密切注视第一夫人的个人风格。"虽然每次国宴礼仪和菜肴都有具体的国务官员负责,但基于对来客的尊重及西方的传统,很多重要细节,如贵宾名单、菜肴、餐桌布置等,均由美国第一夫人及其助手亲自操办。尽管美国国宴的安排会受传统的影响,但每一位白宫女主人都会在举办的国宴上留下自己独特的印记。

在国宴上,最受尊崇的座位当然是美国总统及其夫人的。长长的方形宴会桌是1902年美国总统设宴款待普鲁士王子亨利时布置的,多年来,这种布置已成为标准。美国国宴座次安排非常讲究,坐在不同的位置意味着有不同的地位。谁该和总统坐在一桌,谁又该和第一夫人坐在一起,都在美国政坛和社交界具有风向标的作用。但相比欧洲人,美国人显然不是一个极其注重礼仪和座次的民族,所以简单、方便交流的宴会桌和座次就逐渐被使用。在整个宴会厅布置圆形餐桌的做法始于杰奎琳·肯尼迪,这种安排使得宴会厅可容纳更多的客人,同时能让主人打破正式座位安排的严格限制。而在尼克松时期,第一夫人布丽丝经常会在国宴中安排E形桌:"如果总统不想看见某人,但级别又很高,就可以安排他坐在E字三横之一的拐角,背朝着总统。"

资料来源:《白宫的待客之道》,网易新闻,2011年1月19日,http://news.163.com/special/reviews/statedinner20110119.html,有删改。

正因为宴请是公关活动的一种手段,因此宴请活动的整个组织安排既要始终贯穿公关活动的宗旨,又要合乎礼仪规范。宴请的规格应视宴请的目的和参加人员的身份来确定,规格过低显得失礼,规格过高亦无必要。宴请的方式则主要以公关活动的性质和内容来确定,以礼节性为主题的公关活动采用宴会的形式比较合适,而以庆祝性、纪念性为主题的公关活动采用冷餐会、酒会的形式更有气氛,以谈论某项特定工作为主题的公关活动则采用工作进餐的形式最为恰当。当然,这没有绝对的限制与界定,应该因人、因事而异。宴请的范围确定较为复杂,一般以"少""适"为原则,对公关效果有直接影响的方方面面自然不可缺少,但没有原则的泛泛而请,只会失去宴请的意义。特别是不考虑涉及公关活动多方关系而盲目邀集于同一次宴会的做法,很可能会使宴请活动本身成为公关活动最终失败的导火线。若有必要,除工作进餐形式外,宴请活动还可邀请宾客的配偶出席,不过应该首先明确配偶的出席是出于礼仪的需要还是对这次公关活动可能产生影响,弄清这一点至关重要。宴请的范围大致确定后,出席人数保持偶数的意识同样重要。因为就某一桌而言,这样做可以使每一个人都至少有一个谈话对象,而这又正是从礼仪的角度出发所必须考虑周到的。宴请时间的确定应该照顾到出席宴请活动的主要客人和大部分客人的习俗。一般不要选择对方有重大节日、假日,有重要活动的日子,更要注意避开对方有禁忌的日子。

一旦宴请的各项准备工作就绪,别忘了发邀请也是一项重要的任务。请柬便是一种既礼貌,又普及,还可提醒备忘的邀请方式,但工作进餐一般不发请柬。正式宴请的请柬通常需在一周至两周前发出,以便受邀请者及早安排。当然,公关活动的特点决定了有时不允许有那么多的充裕时间,但也必须以尽早为原则。有时,周到起见,在宴请活动的前夕,不妨再用电话联系,对受邀请者是否收到请柬和是否能够出席宴请活动予以确认。

在宴会上,若所设餐桌不止一台,则有必要正式排列桌次。排列桌次的具体讲究有三:第一,以右为上。当餐桌分为左右时,应以居右之桌为止。此时的左右,是在室内根据"面门为上"的规则所确定的。

第二,以远为上。当餐桌距离餐厅正门有远近之分时,通常以距门远者为上。第三,居中为上。当多张餐桌并排排列时,一般以居于中央者为上。在大多数情况下,以上三条桌次排列的方式往往是交叉使用或同时使用的。在中餐宴会上,席次安排的具体规则有四:第一,面门为主。即主人之位应当面对餐厅正门。有两位主人时,双方则可对面而坐,一人面门,一人背门;其中面门者在地位上高于背门者。第二,主宾居右。它的含义是,主宾一般应在主人右侧之位就座。第三,好事成双。根据传统习俗,凡吉庆宴会,每张餐桌上就座之人应为双数。第四,各桌同向。通常,宴会上的每张餐桌的排位应大体相似。

· 第31课 ·

服务礼仪

——礼貌影响商务关系的建立

服务人员的礼仪表现,从某种意义上来讲,直接体现着一个企业和员工,甚至是一个国家和人民的精神面貌和道德水准。每个行业都有自己的礼仪文化和交往规则,不熟悉掌握相关的礼仪文化和知识,就无法有效开展活动。

延伸阅读

服务带来的美好

"中国金钥匙组织"的创始人孙东先生说过这样一句话:"我以我自己能终生去做一名专业的服务人员而骄傲,因为我每天都在帮助别人,客人在我这里得到的是惊喜,而我们也在客人的惊喜中找到了富有的人生。我们未必会有大笔的金钱,但我们一定不会贫穷,因为我们富有智慧,富有经验,富有信息,富有助人的精神,富有同情心、幽默感,富有为人解决困难的知识和技能,富有忠诚和信誉,当然我们还有一个富有爱的家庭,所有这些构成了我们今天的生活。"

30多年前,张先生随中国代表团赴卢森堡访问。一次,在一家中国人开的"孔夫子酒店"用餐,该酒店的服务员是中国人。吃过饭以后,他们想去看电影,于是找来餐馆的服务员,请他指示去电影院的路径。这位服务员说:"我已经到了下班时间,等我换下工作服带你们去电影院。"于是他换好衣服,又开着自己的私车把他们送到电影院。由于他们不会讲卢森堡语或德语,那位服务员自己掏钱为他们买了电影票,并执意不收他们的电影票钱。时隔30多年,当时看过电影的人甚至已将电影的情节淡忘了,但对那位提供了超常服务的餐馆服务员却念念不忘,记忆十分美好。

有个小男孩来到冰激凌店,问一个大冰激凌多少钱,服务员和气地告诉他是65美分,男孩又问小冰激凌多少钱,得到的回答是55美分。于是小男孩花55美分买了个小冰激凌,并给了服务员10美分的小费。服务员很奇怪,问他为什么不买大的,男孩回答说,如果他买了大的就没钱付小费了。服务员很感动,说无论有无小费他都乐意为男孩服务,并真诚地表示感谢。男孩却说,正是服务员的良好服务让他觉得一定要付小费,最后男孩和服务员的感受都非常好。

资料来源:张建宏:《现代实用礼仪教程》(第2版),河南大学出版社2018年版。

企业前台服务礼仪:留给客人良好的第一印象

前台是一个企业的脸面和名片,对塑造企业形象非常重要。前台

接待工作不仅反映出接待人员的综合素质,还可以体现出企业的整体
形象。

当客人靠近的时候,接待人员绝对不能面无表情地说"找谁？有
什么事？……"等生硬问话,这样的问候会令客人觉得很不自在。接
待人员一定要面带笑容,行15度鞠躬礼,送上生动得体的问候语,比
如"您好,请问有什么需要我服务的吗?",这样一下子就拉近了你与客
人之间的距离。如果外面在下雪,客人带着满身的积雪走进你所在的
公司,接待人员要立刻递给他一张纸巾,这种无声的话语会令客人倍
感温馨。同样,下雨的时候,你的一句"您没带伞,有没有着凉?"也是
充满温馨的关怀话语。要学会根据环境变换不同的关怀话语,拉近你
与客人之间的距离,让客人产生宾至如归的感觉。

有客人未预约来访时,不要直接回答要找的人在或不在。而要告
诉对方:"让我看看他是否在。"同时婉转地询问对方来意:"请问您找
他有什么事?"如果对方没有通报姓名则必须问明,尽量从客人的回答
中充分判断能否让他与同事见面。如果客人要找的人是公司的领导,
就更应该谨慎处理。客人到来时,我方负责人由于种种原因不能马上
接见,要向客人说明等待理由与等待时间,若客人愿意等待,应该向客
人提供饮料、杂志,如果可能,应该时常为客人换饮料。

接待人员在回答客人的咨询时,眼睛一定要看着客人。对于刚出
校门或者是社会经验不足的女性接待人员来说,如果看着客人的眼睛
令你不自在,你可以看着客人的额头、脸或者嘴角。看客人的眼神一
定要柔和,要充满亲切的感觉,让客人感应到你的友好。在与客人交
谈的时候最好将视线停留在对方腰到头部的地方,保持一定的范围,
这样才不会让客人在跟你相处的时候感到浑身不自在。

引导访客时,接待人员一般应走在客人的左前方,将道路或走廊
的中央线让给客人行走,领先客人两三步。身体稍转向客人一方,与

客人保持约45度视角的位置。在做指引时,接待人员的手要从腰边顺上来,视线随之过去,很明确地告诉访客正确的方位;当开始走动时,手就要放下来,否则会碰到其他过路的人。打手势时,切忌五指张开或表现出软绵绵的无力感。接待人员的步调要适应客人的速度,时刻注意后面情况。

在引导过程中,如遇拐弯处,须稍停一下,转过头说:"请向这边来。"要注意对访客进行危机提醒,如果拐弯处有斜坡,就要提前对访客说:"请您注意,拐弯处有个斜坡。"引导途中,接待人员切勿一味沉溺于与客人高谈阔论,更不许与客人玩笑打闹,以免客人走神,当众摔跤出丑。当引导客人上楼时,应该让客人走在前面,接待人员走在后面。若是下楼时,应该由接待人员走在前面,客人走在后面。而且,让客人走在楼梯栏杆的一侧,接待人员应该靠近墙壁走。

陪同客人来到电梯门前,先按电梯楼层按钮。桥厢到达厅门打开时,若客人不止一人,且电梯没有专人控制,接待人员应先进入电梯,按住电梯"开"钮,等客人进入后关闭电梯门,要注意防止客人被门夹撞。如若电梯由专人控制,接待人员应后入。到达时,接待人员按住"开"钮,让客人先走出电梯。在电梯内接待人员切忌两眼直盯客人,可视与客人熟识程度与客人寒暄、交谈,以示友好。

接待人员引导客人至会客厅,应先敲门,再开门。任何情况下,开门与关门的动作都应优雅得体,一般应采用斜侧身姿态,以45度斜侧角度面对客人,而不可背对客人。如果门是向外开的,用手按住门,让客人先进入;如果门往内开,自己应先进入,按住门后再请客人进入。一般右手开门,再转到左手扶住门,面对客人,请客人进入后再关上门。无论房门为推开式还是拉开式,都必须将其完全敞开。

进入会客室后,客人如有外套、帽子、雨伞等物,接待人员可取过,挂、放于衣帽架或明显处,向客人说明:"××先生,您的外套挂在这里。"应将来客引至上座入座,以示尊重和欢迎之意。一般来说,室内离门口越远的座位是上座。如果上司暂时还没到,客人和接待人员聊天时,接待人员应注意不说本公司的长短及有保密性的事项,要聊一些轻松、无关紧要的话题。

我国人民习惯以茶水招待客人,在招待尊贵客人时,茶具要特别讲究,倒茶有许多规矩,递茶也有许多讲究。在给客人送茶时,要检查茶具有无破损,有无污垢,并要洗干净,擦亮。端送茶水,最好使用托盘,既雅观又卫生;托盘内放一块抹布更好,以供茶水溢出时擦拭;用手端茶,有杯柄的茶杯,可一手执杯柄,一手托在杯底,或一手执杯柄;端茶时,若茶杯没有杯柄,要注意的是不要握住茶杯,应尽量减少手指和杯沿部分的接触,更要注意的是,不可把拇指伸入杯内的茶水中。女性接待人员奉茶时,要特别注意仪态,以免"走光"。

航空服务礼仪:"天上"的规矩更多

作为空乘人员,虽然在空中工作,可是工作的性质跟在地面上没有什么不同。服务业有服务业的规矩,空乘人员的规矩更多,不仅有服务礼仪约束,还有航空服务礼仪约束。作为一名空乘人员,有以下几点要求:

要热爱自己的本职工作。航空服务工作是非常辛苦的,当自己理想中美好的空姐生活被现实工作的辛苦打破后,要能一如既往地主动、热情、周到、礼貌,要认真负责、勤勤恳恳、任劳任怨地做好工作,面对任何环境的诱惑,都依然能坚守岗位。

要有较强的服务理念和服务意识。在激烈的市场竞争中,服务质量的高低决定了企业是否能够生存,市场竞争的核心实际上是服务的竞争。民航企业最关心的是旅客和货主,要想在市场竞争中赢得旅客,必须提高服务理念和服务意识。

要有吃苦耐劳的精神。空姐在人们的眼中是在空中飞来飞去的、令人羡慕的职业,但在实际工作中却承担了人们所想不到的辛苦,如飞远程航线时差的不同、飞国内航线时各种旅客的不同、困难和特殊情况随时都会发生等,如果没有吃苦耐劳的精神,就承受不了工作的压力,做不好服务工作。

要刻苦学习业务知识。一名航空人需要掌握许多知识,比如在飞往美国的航班上,空姐首先要掌握中国和美国的国家概况、人文地理、政治、经济等基本内容,还要了解航班飞越的国家、城市、河流、山脉及名胜古迹等,还要掌握飞机的设备、紧急情况的处置、飞行中的服务工作程序及服务技巧等等。

学会沟通。语言本身代表每一个人的属性,一个人的成长环境会影响他的说话习惯,作为一名乘务员要学会沟通的艺术。不同的服务语言往往会得到不同的服务结果。如对老年旅客的沟通技巧、对特殊旅客的沟通技巧、对发脾气旅客的沟通技巧、对重要旅客的沟通技巧、对第一次乘飞机旅客的沟通技巧、对航班不正常时服务的沟通技巧等都要掌握。

电子商务客服礼仪:服务为本,顾客至上

电子商务作为现代服务业中的重要产业,有"朝阳产业、绿色产业"之称。作为从事电子商务的工作者,谁都希望自己广聚财源,广结商友。

对顾客要真诚讲信用,人无信不立,作为卖家什么都可以丢,唯有诚信不能丢。一些网络骗子利用买卖双方信息不对称的缺陷大肆行骗,他们可以骗一时,但骗不了一世。

如果顾客对产品和服务有意见,说明产品和服务有不到位的地方,需要改进,而不是去和顾客做无谓的争执,逞一时口舌之快。

做生意首先要学会做人,网上一些卖家出口成"脏",试想有哪个买家愿意和一个没有教养的卖家做生意。

由于通过聊天工具与对方交流是通过键盘实现的,对方在听不到你的声音,也看不到你的身体语言时,容易对你所说的话产生误解,为此,聪明的网友们发明了情感符号来帮助表达自己的意思。要学会运用这种情感符号,如笑脸,以使与客户的交流能够轻松愉快。

视频接待时要注重仪表,做到装容整洁、面带微笑、举止有度、礼貌大方、注意力集中;接待时首先要问好,仔细聆听讲话,对没有听清的问题要礼貌回问,不要随意打断别人讲话,适当做笔记。

回答买家的提问要及时,如果不及时,买家有被卖家忽视的感觉,影响交易的达成。正忙于其他事而无暇顾及网络即时通信工具时,建议设置状态,如"忙碌""外出就餐""接听电话"等,避免对方发话后,因没人搭理而发生误会。

要看清买家的问题,再有针对性地回答买家。回答要简洁、明确,用顾客最容易接受的语言,不要讲些顾客不懂的专业术语。

人与人之间需要沟通,更何况在网上双方无法见面,沟通成了买家了解宝贝的一个重要途径,很多"投诉"和"差评"其实都是可以通过沟通解决的。

培养忠诚顾客,要从点滴做起。比如节日的时候给他发个短信或邮件对他表示节日的祝贺(不要向顾客乱发广告),在署名的时候可以顺带写上自己的店铺名(无形中宣传了自己店铺,而且不会引起他人反感)。

·第32课·

涉外礼仪通则

——遵循惯例,求同存异

礼仪的历史演变到今天,各个国家和民族都形成了自己独具特色的礼仪文化和礼仪规范。英国人的绅士风度、法国人的浪漫情调、美国人的洒脱自由、日本人的男女有别等,已为世界所共知。当今世界也形成了一些被普遍认可和接受的礼仪惯例。个性与共性并存,特色与惯例同在,共同构成了当今世界礼仪的亮丽风景。但是,许多礼仪都是世界通用的。例如问候、打招呼、礼貌用语、庆典礼仪、签字礼仪等,大体上是世界通用的。虽然各个国家、各个地区、各个民族形成了许多特有的风俗习惯,但就礼仪本身的内涵和作用来说,仍具有共通性。正是礼仪的共通性,促进了国际交往礼仪的形成。学习、应用国际交往礼仪,首先要在宏观上掌握一些具有普遍性、共同性和指导性的礼仪原则。

维护形象,不卑不亢,平等相待。每一个人在参与国际交往时,都必须意识到,自己代表着民族、国家。言行必须从容得体、堂堂正正,不应该表现得低三下四、自卑自贱,当然也不应该表现得放肆嚣张、孤芳自赏。此外,我们还应特别注意对任何交往对象都要一视同仁,给予平等的尊重。

延伸阅读

企业家的礼仪修养

近年来，我国企业家频频出席大型国际高端会议。然而，一些人的不雅行为时常成为西方媒体报道中讽刺的对象。看来，在企业走出国门进行国际交往时，企业家们在礼仪修养上也应尽快与国际接轨。

出席国际会议有一些约定俗成的礼仪和规则，违反这些礼仪和规则会被人认为失礼和没有教养。然而，我国的一些企业家在出席国际性会议时，却表现出种种不良行为：参加会议时，与会者应准时抵达会场，按指定座位或区域落座，但一些中国嘉宾却抢坐前排或退居后排，把会场中间留出空白；正式会议开始后应尽量避免频繁进出会场，但中国嘉宾却不管这些；在会场、餐厅须保持安静，中国嘉宾却常常在公开场合大声喧哗；与会者坐姿要端正，可抖腿似乎成了部分国人的专利；出席会议和宴请应穿正装，但我们的男女嘉宾的穿着却显得太随意；集体行动时，互相之间要保持距离，不能勾肩搭背，不能戴墨镜，但我们的嘉宾往往不注意这些。

出现这种状况是因为我国的许多企业长期处于封闭状态，企业家走出国门的时间较短，参加国际会议的机会不多，对国际交往上的一些礼仪和规则了解太少，加之在国内环境下形成的积习一时难改，因此在国际场合"现丑"也就不难理解了。当然，外国人也有粗鲁和失礼的，但我们不能向这些人看齐，向下"攀比"是永远没有底线的。而如果企业家不在礼仪修养上尽快与国际接轨，不仅会损害企业家自身的形象，也会损害自己所代表的企业形象，更会在国际上给中国人的形象抹黑。

中国是一个有着五千年文明的古国，素有"礼仪之邦"之称。随着社会的发展、东西方文化的融合和国际交往的增多，我们有必要吸收西方国家的优秀文明成果，包括一些体现文明的礼仪和规则。我国企业家是走上国际舞台的先行者，更应该在这方面多加注意和学习。国家相关部门也应加强这方面的宣传教育和培训，尽快提高企业家知礼、守礼的自觉性。

资料来源：侯文学：《企业家礼仪修养应尽快与国际接轨》，人民网，2007-9-18，http://opinion.people.com.cn/GB/6278425.html。

求同存异，入乡随俗，注意禁忌。在对外交往时，应注意了解礼仪文化的差异，了解具体交往对象的不同风俗习惯、宗教信仰和交往禁忌，并给予尊重。当发现我们的接待方式不适合客人时，可适当地采用对方习惯的礼节、礼仪，让客人有"宾至如归"的感觉，以表示对客人的体贴和尊重。当我们作为客人参加涉外活动时，不能一味地我行我素，给主人带来麻烦，而应"客随主便"，做到"入乡随俗"。在涉外场合，当碰上一些自己尚未经历的场面，或是难以处置之事时，此时此刻最好的方法，就是静观一下他人的做法，努力"从众"，与大家保持一致。

延伸阅读

行不完的贴面礼

从新西兰北岛最大的城市奥克兰起飞，空中飞行约4个小时就到达了库克群岛。一出机舱门，一阵悦耳的民族音乐伴着我缓缓出关，一位音乐人在出关口专为欢迎客人而演奏，一到关口就有热情的库克朋友帮我们提行李，并给我们戴上用鲜花编制的花环。因为我们是受邀而来的，所以出关验关手续全免了，在闸口还有几位前来迎接我们的女士、男士，对我们这些从东方来的朋友一个一个行贴面礼。一排有好几个人，到了一位女士旁边时，因为我走得快，没来得及与其贴面，她讲着"NO！NO！"，将我往后一拽补了一遍贴面礼，弄得我还有一点不好意思。

出了机场，伴着一路的椰林和鲜花，约15分钟就到达我们下榻的酒店。一进房间，发现床上摆着花环，桌上摆着热带水果，让我有种到家的感觉。来宾馆的路上，听送我们的人讲，宾馆的门不用锁，这里没有小偷。但我们习惯了锁门，在这样安全的环境反而不适应了。刚开始还锁门，后来门敞开着我们也不管了。上万元的相机、电脑、现金放房间无人翻动，要知道，这里并无监控设备，而且宾馆人来人往。在接下来的几天里，我们充分感受到库克人民的热情、好客、真诚。

在随后的几天，我也逐渐接受了这来自法国和西班牙的礼仪，在任何一个活动开始和结束时，会面的每一个朋友都要行一遍贴面礼。人多时，这一礼仪要进行半小时以上。好在已经习惯，贴面时已多了几分从容、自然。贴面一般贴一遍右脸颊就行了，在这里，贴面往往是先贴右脸颊，对喜欢的人、亲近的人贴完右脸颊还要贴左脸颊，再回到右边，有些朋友一天往往要见几次面就要贴几遍，中午见面要贴，晚上再见时还要贴，宴会开始前见面时要贴，宴会结束时也要贴。若是一个长者或尊贵的人，那么，他一天要贴数不清的面。这里的人热情好客，特别是晚宴结束以后，礼让谁先走谁后走往往要花半个小时。公众活动时要与所有朋友贴面，不论男女。但要先与地位高者和长者贴面，同龄人贴面就根据由近及远的顺序。现在的年轻人出国多了，接受外界的文化礼仪也多了，一天见面次数多了，有的场合也就不贴面了，而是选择握握手。有的宴会上年轻女士与陌生人也可以不贴面，但与长者、地位尊贵者是一定要贴面的。在这里真应了中国"礼多人不怪"这句话。

资料来源：大海博文：《行不完的贴面礼》，新浪博客，http://blog.sina.com.cn/s/blog_9fb3ea9101015mos.html。

遵循惯例，尊重隐私，把握好度。国际交往惯例为大多数国家和地区通用，并具有准强制性，它对国际社会交往具有普遍的指导意义。在涉外交往中，我们无疑要遵循国际惯例。在涉外交往时，一定要注意对交往对象的个人隐私权予以尊重，这已逐渐成为国际惯例。在西方社会里，除了年龄之外，工资收入、家庭情况、婚姻状况等也属于个人隐私的范围。由于中国人待人接物一般讲究含蓄和委婉，还特别客套、热情，而西方人则一般较外向且讲究实事求是，因此在涉外交往中,我们还要把握好热情友好的分寸。

涉外场合的国际交往惯例主要有:

女士优先。女士优先被称为国际社交场合的"第一礼俗"。其核心是要求男士在一切社交场合(有些公务场合除外),都有义务主动自觉地以自己的实际行为去尊重妇女、关心妇女、保护妇女,并尽心竭力地去为妇女排忧解难。

信守约定。古今中外人士都推崇做人应该诚信,小到约会的时间,大到生意往来,都要讲信用、守承诺,不随便许愿、失信于人。西方人常常把信誉、商誉和荣誉连在一起。如有难以抗拒的因素而引发"失约",应事先说明、及早通报,并主动承担给对方造成的物质损失。

以右为尊。我国传统上是"以左为尊",但在正式的国际交往中,依照国际惯例,将多人进行并排排列时,最基本的规则是"以右为尊"。

爱护环境。不可破坏自然环境,不可虐待动物,不可损坏公物,不可乱堆乱挂私人物品,不可乱扔乱丢废弃物品,不可随地吐痰,不可到处随意吸烟,不可任意制造噪声。

与外国友人相处时,有下列主要禁忌:

隐私忌。事实上,由于文化传统、风俗习惯的不同,中国人平常所爱谈论的许多内容都是被外国人视为个人隐私的。在涉外场合,应当自觉回避对个人隐私的任何形式的涉及,做到"八不问":不问履历出身,不问收入、支出,不问家庭财产,不问年龄、婚否,不问健康问题,不问家庭住址,不问政见、信仰,不问私人情感。因为外国人普遍认为,要尊重交往对象的个性独立,维护其个人尊严,就要尊重其个人隐私。即使是家人、亲戚、朋友之间,也必须相互尊重个人隐私。

数字忌。各民族及不同宗教信仰的人对数字均有一些忌讳,如西方人普遍忌讳"13",常以14(A)或12(B)代替。因此,重要活动要避开每月的13日,特别是请客忌讳13人。星期五也为很多西方人所忌讳,若13日又恰好是星期五,西方人更认为这是"凶日"。

颜色忌。欧美许多国家视黑色为丧礼的颜色,遇到丧事,习惯于穿黑色衣服,系黑色领带,戴黑色礼帽或黑色围巾及面纱。因为黑色有"丧礼服"这一层意义,因此卧室等处他们不喜欢有黑色。绿色在许多国家象征吉祥、希望,而日本人则认为绿色象征不祥。

举止忌。在许多国家,如泰国、缅甸、印度、马来西亚、印度尼西亚和阿拉伯等各国认为左手是肮脏的,忌讳用左手拿食物、接触别人或给别人传递东西。否则,这将被别人误会是轻蔑。亚洲许多信仰佛教的国家及地区,忌讳别人摸自己的头顶。即使大人对小孩表示抚爱,也不摸小孩头顶。西方的老人忌讳被别人搀扶,他们认为这有失体面,是受轻视的表现。

宗教忌。目前世界上信奉各种宗教的教徒人数约占全世界总人口的三分之二,对于大多数信徒来说,其宗教观念往往都是从实际的、直观的宗教礼仪及充满宗教色彩的风俗习惯中得到的。因此,我们必须重视对宗教习俗的了解,特别是一些禁忌。比如在饮食方面,印度教教徒不食牛肉,佛教教徒不食荤腥。

· 第33课 ·

主要国家习俗

——入国问禁，入乡随俗

　　各个国家、地区、民族所处的环境不同，有不同的历史文化，也有不同的生活方式和生活习俗，有时差异很大，有"千里异习、百里异俗"之说。无论什么人，从小到大，随时随地、一举一动都受到他所在的社会习俗的熏陶和影响。"习俗移人，贤者难免。"没有受过文化教育的人固然要受习俗的支配，就是受过文化教育的人，也不免会受它的影响。可见习俗虽然没有明文规定，但事实上，人们都不知不觉地按照它的规范行事，这就是习俗的约束力。尊重习俗，随遇而安，与他人方便，与自己也方便。尊重他人才能得到他人的尊重，这是社会生活中潜在的客观规律，因此才有"入境问俗""入境问禁""入乡随俗"的说法。

　　韩国人具有强烈的民族意识与国家观念，喜欢强调"我们""我们的民族""我们的国家"等。韩国国歌《爱国歌》充满力量，从中我们能感受到韩民族饱满的爱国情怀。韩国人很注重礼仪，一般都以握手作为见面礼节。韩国妇女一般不与男子握手，而往往代之以鞠躬或者点头致意。在不少场合，韩国人有时也采用先鞠躬后握手的方式。韩国人十分尊重长辈，长者进屋时，大家都要起立。在社交场合"重男轻女"。公开场合得让男子先行,在各种会议上,发言者致辞都把"先生们"放在"女士们"之前。韩国民族服装最初主要是受中国唐代服饰的影响。对此,史书中就有记载:"服制礼仪,生活起居,奚同中国。"唐代时,新罗与唐朝交往非常密切,服饰特点几乎与唐朝无异。韩服的个性发展始于李氏朝鲜中期。从那以后,韩服,特别是女装,逐渐向高腰、襦裙发展,同中国服饰的区别逐渐增大。韩国人爱好、擅长歌舞。韩国舞蹈的表现形式不同于西方舞蹈。西方舞蹈注重表现舞蹈家的个性、性征和躯体。韩国舞蹈家不带个人感情色彩,抑制个性特征。西方舞蹈家喜欢使全场瞩目于自己,利用光、声和谐统一感和力度变化,而韩国舞蹈家对身体的特技动作的外部表现不感兴趣,只喜欢表现高度抽象的喜悦。韩国人的饮食以辣、酸为主要特点。不喜欢放味精,讲究原汁原味。他们爱吃的菜肴有泡菜、烤牛肉、烧狗肉、人参鸡等。对韩国人来说,无泡菜的吃饭是不可想象的。拌饭是韩国非常有代表性的乡土饮食,色、香、味俱全且营养全面。不管什么季节,韩国人都喜欢喝冰水。数字方面,韩国人喜欢单数,忌讳双数,"3"是他们的吉利数,忌用"4"字(韩语"4"与"死"同音),在韩国没有4号楼、4号房,宴会厅里没有4号桌。

日本是一个岛国,自然资源匮乏,日本国民常有生存危机意识。恶劣的自然环境在日本人的心里埋下了"忍"的基因,使得日本人做事特别拼命,具有认真执着的个性与精益求精的精神。日本人给人的第一印象总是彬彬有礼。在日本,由于特殊的历史背景和地缘文化,人们形成了进出房门低头俯身、日常交际低姿势待人的民族习惯。因此,见面多以鞠躬为礼。对于日本人来说,弯腰已成习惯,鞠躬已成自然。据统计,一个日本百货公司的电梯口迎宾员,一天要鞠躬2500次左右。即使在电话里与人问安和道别、承诺、请求时,也会不自觉地鞠躬。日本人说话离不开"谢谢",据统计,一个在百货公司工作的员工,一天平均要说571次"谢谢"。和服是日本的国服，在形成过程中虽受到外来文化，尤其是中国文化的影响，但今天我们所看到的和服，已很难找到中国元素的影子。和服是由人体支撑的，并不主张炫耀服装本身。身穿和服的人，必须顾及自己的坐姿和行走时的步态，要求穿着者必须具有一种精气神。日本人在生活和工作中通常不愿意直截了当地拒绝别人，通常会委婉地说"你们的产品非常好，设计新奇，造型美观，包装也很别致，让我们考虑再说""我理解您的要求""我将把贵方的意思尽快向领导汇报"等。这实际上等于在顾及对方面子的同时明确地拒绝。在社交场合与日本人用餐要注意以下细节：用餐时不宜把手肘放在桌上，这样显得懒散且不礼貌；日餐中海鲜居多，因而日本式的筷子都是尖头的以便挑鱼刺，实在挑不出去的刺可以用手从嘴里将鱼刺拿出，切不可直接"呸"地吐出；咀嚼食物应闭嘴无声，而只有在吃日式荞麦面时才可以大声地吮吸。日本人有送礼的癖好，讲究礼品的包装。但要注意不能送梳子给日本人，因为梳子在日语中同"苦"和"死"的谐音，很不吉利。日本人是亚洲最守时的民族，他们就像抱着一个走时准确的大钟，每时每刻都在按着预定的计划有条不紊地进行着。不管是商务会谈，还是社交聚会，都要准时到达。日本人不喜欢某些数字，比如"4""9"的谐音是"死"和"苦"，"42"的发音是"死"的动词形，所以医院和饭店一般没有4号和42号的病床和房间。"13"也是日本人忌讳的数字，许多宾馆没有"13"号楼层和"13"号房间，羽田机场没有"13"号停机坪。日本人忌讳绿色和荷花，原因是他们认为绿色是不吉利的，荷花意味着祭奠。

延伸阅读

日本人的时间观念

经过长时间的讨价还价，国内一家公司与一家具有国际声望的日本大公司终于确定要草签一个有关双边实行合作的协议。当时，在中方人士看来，基本上可以算是大功告成了。到了正式草签中日双方合作协议的那一天，由于种种原因，中方人员阴差阳错，抵达签字地点的时间比双方约定的时间晚了一刻钟。当他们气喘吁吁地跑进签字厅时，只见日方人员早已衣冠楚楚地排列成一行，恭候他们的到来。不过，在中方人员跑进来之后，还没容他们做出任何有关自己迟到原因的解释，日方全体人员便整整齐齐、规规矩矩地向他们鞠了一个大躬，随后便集体退出了签字厅。也就是说，因为中方人员在签字仪式举行时所迟到的一刻钟，双方的合作竟然搁浅了。事过之后，日方为此所做的解释是："我们绝不会为自己寻找一个没有任何时间观念的生意伙伴。不遵守约定的人，永远都是不值得信赖的。"

资料来源：张建宏：《现代实用礼仪教程》（第1版），河南大学出版社2015年版。

从独立到19世纪末，美国对西部地区进行了大规模的移民开拓和开发建设。在这一过程中，优胜劣汰、适者生存的规律被表现得淋漓尽致。成功既不靠上帝，也不指望别人，完全靠自己不屈不挠地独立进取。这种价值观被美国人世代尊崇。美国历史短暂，没有传统的包袱，他们不像英国人那样看重门第祖荫、讲派头、要面子，也不像法国人那样喜欢幻想。他们是非常务实的。美国人性格外向、感情直率、热情奔放，这一点从NBA赛场上的劲舞女郎身上可见一斑。美国人的见面礼节是握手和亲吻，第一次见面时，仅仅是握手，亲吻是好朋友之间的致意语言。在美国，你接受任何人的服务，不管有偿还是无偿，均需说："谢谢你！"即便是夫妻、父母和子女之间，有任何帮助都要说声"谢谢"。而在中国，有至亲不谢的传统，多谢了反而见外。和美国人讲话时，要保持彼此身体间的距离，半米的尺度比较好。如果你和美国人聊天的时候他一直往后退，那意味着你可能靠得太近了。美国西部牛仔是深受世人喜爱的具有英雄主义与浪漫主义色彩的人物，他们的服饰尤其受欢迎。其牛仔裤超越了裤子的原始意义，被赋予了"个人独立""生而自由""勇于冒险""性感迷人""浓烈的乡土气息"等多元的社会意义，逐渐成为代表美国精神的典型服饰。经过了100多年的时间，牛仔服装仍长盛不衰。美国生活节奏较快，快餐是美国人喜欢的餐饮形式。和美国人吃饭时要注意：不允许替他人取菜；不允许吸烟；不允许劝酒；不允许当众脱衣解带；不允许议论令人作呕之事。在中国，菜多表示热情接待，而美国人够吃饱就好。中国人爱孩子的方式有时是给小孩食品或用手摸孩子的脑袋，但在美国要尽量避免。美国人家的狗是家庭成员之一，和小孩一样重要。所以，不要随便喂美国人家的狗。在一些东方国家，谦虚是一种美德，可是在美国千万不要谦虚。美国人经常对自己说，谦虚是自己最大的敌人，正是因为这种超乎寻常的自信心态让美国人无论走到哪里都是那么骄傲。

英国由四个不同的民族构成，有"一个国家，四个民族"之说。传统上，英国人喜欢自称英格兰人、苏格兰人、威尔士人或北爱尔兰人。这不仅表明了自己生活的区域，还暗含着四个民族间的区别和独立性。现代的英国，由于人们的迁徙，大多数人不再区分英格兰人还是苏格兰人。不能把所有的英国人都称为"English people"，这仅指英格兰人，而用"British people"来指"英国人"比较恰当。如果一个其他国家的人与一个英国人初次接触，甚至是两个不甚熟悉的英国人在一起，最好的开场白都莫过于对当天的天气做一下评论。这是传承下来的社交规范，可以使交谈双方找到一个无关紧要的话题，非正式地开始接触沟通。但千万不要只谈天气，否则对方会认为你没有兴趣和他对话。英国人的绅士风度历来为世人所称道，"女士优先"的社会风气很浓。英国人待人彬彬有礼，说话十分客气。最常用的词汇是"对不起"，凡事稍有打扰，便先说"对不起"。排队是英国到处都能见到的场面，即使只有两个人，也不会并排而立。曾经有统计说，一个英国人一生中平均有六个月的时间是在排队。服装方面，英伦风尚以简便、高贵为主，格子是英伦风格的最大特点。英伦风格的另一个特色是苏格兰短裙，它在世界男装中独树一帜。英国人注重个人隐私，且非常注重个人及家庭生活不受别人干扰的自由和权利，正如谚语所说："我的家就是一座城堡，风可以进来，可未经我允许，任何人，就是国王、女王也不能进来。"饮茶是英国各阶层人民都喜爱的，特别是妇女嗜茶成癖。英国人有饮下午茶的习惯，即在下午三四点钟的时候，放下手中的工作，喝一杯红茶，有时也吃块点心，休息一刻钟，称为"茶歇"。

延伸阅读

英国的一些国际通用礼仪

赠送贵宾金钥匙是一种国际通用的礼仪，具有很强的象征意义，它源于英国的加冕典礼。英国女王加冕时，一般都授予正副内务大臣宫门钥匙，以示信任和尊敬，赋予其开渠和通过某种禁区的权利。以后这种礼俗在许多外交公务互访中得到扩大、补充和沿袭，并留传于世界各地。

1612年，一艘英国船"哈兹伊斯号"在搜寻一条海上航线时，船长不幸遇害。在返航时，船员们以降半旗的方式向死者致哀。久而久之，以降半旗来表示哀悼便成为一种国际惯例，并一直沿袭至今。

许多国家在举行大典或迎送国宾时，往往要行隆重的鸣炮礼。据说400多年前英国海军用的是火炮，当舰船进入另一国港口之前，或在公海与外国舰船相遇时，便自动放空炮，以示无敌意；对方也相应以鸣炮回敬。久而久之，鸣炮便成了国际通例，成为盛大庆典和隆重的迎宾仪式上经常应用的一种礼节和礼遇。

资料来源：张建宏：《现代实用礼仪教程》（第1版），河南大学出版社2015年版。

·第34课·
生活习俗礼仪
——中国人的那些老礼儿

古代,人们在日常生活中遵守的社会规则和道德规范,经年累月,日益扩散,渐渐形成中国人普遍认可并依照实行的社会风俗。

日常生活礼仪:传承古代民俗,体会现代意义

见面时行拱手礼,奉茶时八分满为宜,宴席上首席为长末席为卑……这些中国传统生活礼仪,曾被我们祖先视为社会生活的基本规矩。

拱手作揖。拱手礼是中国古代最普通的见面礼仪,礼始于上古,有模仿戴手枷奴隶的含义,意为愿做对方奴仆。后来,拱手逐渐成了相见的礼节。西周时期,拱手礼已经成为平辈之间交往的礼节。《论语》中有"子路拱而立"的记载。行拱手礼时,双腿站直,上身直立或微俯,两手合抱于胸前,有节奏地晃动两三下,并微笑着说出您的问候。《礼记·内则》载:"凡男拜尚左手,凡女拜尚右手。"但古代拱手礼有吉凶之分,行吉礼时,男子左手在外,女子右手在外;行凶丧之礼时,男子右手在外,女子则左手在外。自唐宋以来,女子见面行万福礼。万福礼应是从拱手礼演化来的:左手半握拳,右手手掌覆盖拳上,靠于胸腹

正前,左脚后退半步中正微蹲,口呼万福。从唐宋到中华人民共和国成立的1000多年,只行万福之礼。现代社会讲究男女平等,也应行拱手礼。按照传统礼仪,拱手礼不可施于父母、长辈,如给长辈拜年,应该行叩首礼,方显郑重与尊敬。拱手礼不仅散发着典雅气息,而且比较符合现代卫生要求,值得提倡。在"非典"盛行时,有人曾极力倡导拱手礼。遗憾的是,"非典"过去之后,一切故态复萌。当然,有些场合,拱手不可代替握手,如慰问病人、安慰逝者亲属等,以握手为宜,或按我国传统,执其臂、抚其背进行慰问或安慰。

拜访礼。拜访礼也称造访礼,古语称"拜谒",一般用于下对上、幼对长的请见。拜谒还有几种区别,请求托见叫"请谒",有所求而请见叫"干谒"。求见或拜谒某人得先投"刺"。刺又称"名刺""寸楮",以木片削制而成。后来纸张面世,"刺"多以一方红纸代之,称为"名帖",但"刺"的说法仍然沿用。刺的书写,除在上面书姓名外,也写衔名。宋代以后,许多文人平时以名刺广交朋友,类似现在的名片。逢年过节,邻里亲朋,理应登门拜访庆贺,加深彼此的感情交流,忙不过来,就可赠送一张名刺。投寄名刺不一定非要本人亲自前去,可以由他人代劳,甚至不太熟悉的人,也可送一张,以示尊重。古代客人来访,必定要带见面礼,称为"执贽"。中国自古就有"不以珍奇为贽"的社交礼俗。在选择礼物时,凡是天时所不生的、地上所不长的,君子则不用之为礼。古人的"执贽"完全受礼制及本人社会地位的约束,不同于后世走亲访友、拜见尊朋故旧时的酬酢馈赠,它除了表示社交礼貌外,更主要的作用在于表明身份,属礼节行为。所以,在回拜时,也应送还客人同样的"执贽",但禁忌将原物送还,只有在拒绝收受对方馈赠时才如此处理。按照礼仪,在客人来访后,主人也应前往回拜,也称"回访"。若有来而无往,则为失礼。古时回拜以异日为敬,后又演变为以同日为肃。近代虽重回拜礼俗,但对日期的选择可视情况而定,方式亦随时代变迁而产生相应的变化，如可以名片、投帖示意致敬，不一定非要亲自登门回拜。

热情好客。孔子在《论语·学而》中说："有朋自远方来，不亦乐乎。"好客是中华民族自古以来的传统习俗，体现了中华民族的美德和风尚。在漫长的历史发展中，虽在待客的形式上不断变化，但热情的程度丝毫未减。历史上，我国曾与周边及邻近国家有过友好的交往。当外国使臣奉命出使我国时，朝廷对这些远道而来的客人，无不表现出极大的热情，并给予周到的款待。时至今日，中华民族热情好客的传统，仍为世界各国所称道。

客来敬茶。茶与广大民众生活关系密切，正如俗谚所云："居家开门七件事，柴米油盐酱醋茶。"而且，茶与人们的关联，远非物质生活方面的，它还长期渗透于人们的精神生活。唐代刘贞亮赞美"茶有十德"，认为饮茶除了可健身外，还能"以茶表敬意""以茶可雅心""以茶可行道"。云南白族有以"三道茶"待客的习俗，"三道茶"有"一苦、二甜、三回味"的说法，象征着人生的境遇：先苦后甜，回味无穷。两晋、南北朝时，客来敬茶就已经成为人际交往的礼仪。唐代颜真卿《春夜啜茶联句》中写道："泛花邀坐客，代饮引清言。"当今社会，客来敬茶更成为人们日常社交和家庭生活中普遍的往来礼仪。中国民俗以敬奉热茶为尊重恭敬，斟茶入杯以七分满为礼貌周全。传统茶礼中就有了"浅茶满酒""茶满欺人""满茶送客"的说法及习俗。

宴饮礼。传统的古代宴饮礼仪，一般的程序是，主要折柬相邀，到期迎客于门外；客至，互致问候，延入客厅小坐，敬以茶点；导客入席，以左为上，是为首席。席中座次，以左为首座，相对者为二座，首座之下为三座，二座之下为四座。客人坐定，由主人敬酒让菜，客人以礼相谢。宴毕，导客入客厅小坐，上茶，下地至辞别。席间斟酒上菜，也有一定的规程。清代时西餐已传入，西餐食礼也随着传入，这对我们固有的饮食礼俗带来了一些冲击。东西方文化有异也有同,饮食文化亦不例外。西餐传入后,它的合理卫生的食法也被引入中餐宴会中。例如分食共餐制,在中餐较高等级的宴会上也广为采用。虽然这种饮食礼制在中国古代就很盛行,但我们现在的做法确实是受到了西餐的启发,中西饮食文化的交流,于此得到最好的体现。在古代正式的宴席中,座次的排定及宴饮仪礼是非常认真的,有时显得相当严肃,有些朝代,皇帝还曾下诏整肃,不容许随便行事。汉代初年的一次礼制改革,便主要是围绕宴会礼仪进行的。我们现在的盛大国宴,则是在请柬上注明应邀者的姓名和席位号码,简单明了。与宴者只要按照席号入座,一般是不会发生差错的。

礼尚往来。礼尚往来是指礼节上应该有来有往,不是指送礼。《诗经·大雅·抑》中说:“投我以桃,报之以李。”接受别人的好意,必须报以同样的礼敬。这样,人际交往才能平等友好地在一种良性循环中持续下去。当然,往来之礼,也该适度。正如《庄子·山木》中所说:“君子之交淡若水,小人之交甘若醴;君子淡以亲,小人甘以绝。彼无故以合者,则无故以离。”

乡射礼:立德正己,礼乐相和

在远古的狩猎时代,弓箭是人类赖以生存的主要工具之一,与人类有着极为密切的关系。在我国,直到商周时代,人们还用射箭来比试武艺,甚至决定首领的人选。古代的箭靶叫“侯”,实际上是一块悬挂着的布,上面画着熊虎之类的猛兽,射中者必是孔武有力之人,可以担当部族首领,这就是诸侯之“侯”的来历。当文明渐进,弓箭的作用逐步远离它的本初,跨入了人类娱乐的领域,依然深受人们喜爱。儒家则对它进行了改造,糅进了德行、仪态、礼让等人文内容,使之成为一种寓教于乐的活动。孔子以礼、乐、射、御、书、数教授弟子,称为“六艺",射居其一。《论语》中,孔子曾多次谈到习射,并且喻德于射。又据《仪礼》记载,周代社会的每年春秋,各乡下属的州,都要会聚民众习射,并且形成了一套固定的程式,称为"乡射礼"。乡射的比射以二人为一组,称为"耦"。天子的射礼用六耦,诸侯用四耦,大夫、士用三耦,称为"正耦"。乡射礼用大夫的正耦,所以是三耦。司射从州学中挑选六名德才兼备的学子,配成三耦,然后进行所谓"三番射":第一番射侧重于对射手的教练,第二番射侧重于比赛,但参加者除三耦外,还有主人、特邀的嘉宾和众宾,根据射击的成绩,分出胜负。第三番射与二番射基本相同,但有音乐伴奏。乡射礼不仅是一种娱乐,还有敦化民俗的作用。一个好的射手,必然兼德行与道艺于一身。当时,天子祭祀需要助手,都是通过射礼来选择的。为此,儒家将射礼载入经典,播传久远。岁月流逝,曾经壮健中华体魄的射礼被日本、韩国学去,改头换面后成了"弓道",至今不绝。偏偏在射礼的家乡,射箭等民族体育活动销声匿迹,绝大多数人,莫说是从事射箭比赛和运动了,甚至连真正的弓箭都没见过。也许我们遗忘了这样的时代:华夏的武士黄沙千里浴血鏖战、以强弓劲弩傲射天狼的时候,同样阳刚的儒生在家园中揖让而升、挟弓并立,耳畔是《采蘩》匀和有力的鼓点,前方是30丈开外的箭侯。儒生舒展衣袖,引弓而发……那是一个文人投笔即能从戎、儒生非懦夫的雄健时代。

中华美德:弘扬传统美德,树立礼仪新风

尊师重教。我国古代,教师在社会中有相当高的地位。古人所列举的应该受到特别尊崇的对象是"天地君亲师",教师占有一席。早在西周时,天子"入太学,承师而问道",天子亲自到学校向教师请教。教师在天子面前也不必恪守君臣之礼,教师受到至高无上的帝王的尊敬。中国封建社会还以尊孔祭孔的独特方式来表示尊师。汉代明帝

永平二年(公元59年),首次举行祭孔活动。学生入学要膜拜孔子像。而唐代后更设孔庙,四时致祭。这些举措在形式上抬高了教师的地位,是尊师的表现。古代社会统治者在思想观念上十分重视教师的作用并实际做出了各种尊师的行动。固然其目的是为巩固统治服务,但客观上提高了教师的地位,并为形成中华民族尊师重教的传统起了积极作用,而这种优良传统又成为推动古代社会向前发展及维护国家大一统的巨大力量。1985年,全国人大常委会决定将每年的9月10日定为我国的教师节。教师节的设立,将尊师重教的传统用法律的形式加以保证,使中华民族优秀传统美德得以传承。

敬老优老。我国最早的诗歌总集《诗经》在《小雅·天保》中即有"如山如阜,如岗如陵……如南山之寿,如松柏之翠"之句,表明了对老人的尊崇之至。古代中国人对老年人的尊重和关爱,在世界上也是少有的。在漫长的历史长河中,人们以各种不同的方式和习俗,开展尊老敬老活动。乡饮酒礼是我国古代规模最大、最隆重的敬老大典。据史书记载,举行乡饮酒礼的制度从周朝开始,历代相传,直到清朝。再如千叟宴,就是千余老人参加的宴会。据《清史稿》《清鉴》等史书记载,清朝的康熙、乾隆皇帝曾先后三次举办千叟宴。

礼贤下士。我国经典著作,例如《三国演义》《资治通鉴》等中常常出现"礼贤下士"的字眼。《礼记》中云:"勉诸侯,聘名士,礼贤也。"礼贤下士是指对贤者以礼相待,对学者非常尊敬。《墨子》有"尚贤"篇,专论推贤任能的意义,认为"尚贤为政之本也"。纵观中国古代历史,历来有作为的君主,大多非常重视尊贤用贤,视之为国家安危的决定因素。成语"三顾茅庐",说的是刘备不厌其烦地亲自到诸葛亮居住的草房请他出山;一而再,再而三,诸葛亮才答应。从此,诸葛亮的雄才大略得以充分发挥,为刘备的事业"鞠躬尽瘁,死而后已"。今天我们提倡发扬古代"敬贤之礼",须赋予现代新人才观的内容,就是要尊重知识,尊重人才。

助人为乐。助残济困,乐善好施,路见不平,拔刀相助,是历来为人所称道的高尚行为,也是中华民族优良传统美德之一。其基本出发点在于,作为一个人,尤其是对于那些处境相对好一些的人来讲,一旦发现别人因一时之困深陷窘境不能自拔,应该毫不犹豫地伸手相助,扶危济困。这是为人处世的最起码的要求,也是一个社会得以正常维系和运转的必要条件。我们把具有这种高尚情操的人称作有道德的人。有道德的人宁可忍一时之困,也要济他人于困境之中,宁可牺牲自己也要维护神圣的道义原则。伟大的共产主义战士——张思德、雷锋等,是这种有道德的人中的楷模和典范。他们以"毫不利己,专门利人""把有限的生命投入无限的为人民服务之中去"的思想和行为,谱写了一篇光照千秋的道德篇章。

民间禁忌:萦绕日常生活的俗信

禁忌,一方面指的是"神圣的"或者"不洁的""危险的"一类事物;一方面又指言行上被"禁止"或者心理上被"抑制"的一类行为控制模式。禁忌是人类普遍具有的文化现象,属于风俗习惯中的一类观念。在今天看来,禁忌一部分是科学与唯物的、礼仪的;一部分是宗教信仰的延伸;当然也有一部分是反科学的封建糟粕。

吃饭时,忌手心朝上端碗。这个忌讳和乞丐有关,因为乞丐乞讨时,就是手心朝上托碗,而我们平时吃饭则是用手端碗。两支筷子要同一颜色,同一长短,忌用"鸳鸯筷子"。在用餐前或用餐过程当中,将筷子长短不齐地放在桌子上的这种做法是不吉利的,通常我们管它叫"三长两短",其意思代表"死亡"。因为中国人过去认为人死以后是要装进棺材的,在人装进去以后,还没有盖棺材盖的时候,棺材的组成部分是前后两块短木板,两旁加底部共三块长木板,五块木板合在一起做成的棺材正好是三长两短,所以说这是极为不吉利的事情。用餐时将筷子颠倒使用,这种做法是非常被人看不起的,正所谓饥不择食,以至于都不顾脸面了,将筷子使倒,这是绝对不可以的。回族、维吾尔族等少数民族,忌食猪肉。满族、畲族等少数民族,忌食狗肉。与渔民进餐时,吃完上面鱼肉要吃鱼骨下一面时,不能说"翻"过来,要说"顺过来"。

"狗""猪""驴""龟"等,平时是用来骂人的,因而忌讳与人相提并论,否则会伤害别人,甚至引起斗殴纠纷。忌讳听到乌鸦的叫声,因为我们一般认为这是不祥的兆头。

过年期间,开口说吉祥话,忌说脏话,忌说"死""病""输""完了""光了"等不吉利的字眼;若不慎犯忌,要以吐唾沫、说"童言无忌"等方式化解可能的不祥后果。忌打破碗碟杯盘,万一不慎打破,补救方式是口中念"岁岁平安"等吉祥话。

中国普遍有"好事成双"的说法,因而凡是大贺大喜之事,所送之礼,均好双忌单,但广东人忌讳"4"这个偶数,因为在广东话中,"4"听起来就像是"死",是不吉利的。江浙一带对"13"也有所忌讳,他们常把呆笨、愚蠢的人称为"13点"。

给老人不能送钟表,因其与"送终"同音,使人感到晦气。给夫妻或情人不能送梨,因为"分梨"与"分离"同音,是一种不祥的预兆。

延伸阅读

中国人为何喜红忌白

中国文化中的红色源于太阳,因为烈日如火,其色赤红。古人认为"日至而万物生",在阳光下万物茂盛、生机勃勃,因此,他们对代表太阳的红色产生了特别亲切的感情,红色的吉祥和喜庆之意自然而然地就产生了。红色体现了中国人在精神和物质上的追求。在中国,逢年过节的喜庆日子要挂大红灯笼、红中国结,贴红对联、红"福"字,放红鞭炮。男婚女嫁时贴红"喜"字,新郎戴大红花,新娘穿红装、画红妆、戴红盖头,新房也以红色调为主,点红蜡烛等。人们常形容兴旺、热闹的气氛为"红红火火",指人精神极佳,春风得意为"红光满面",把促成他人美好姻缘的人叫"红娘",得到上司宠信的人叫"红人",运气和机遇很好称为"走红",分到合伙经营利润叫"分红",逢年过节老人常给小孩发"红包"。此外,在当代汉语里,红是政治色彩最浓的一个颜色词,象征着革命和进步,如"红旗""红军"等。

中国是个忌白的国家。在中国传统文化里,黑、白同属五色,都是正色。古人认为东方的青色象征万物生长,南方的红色象征万物茂盛,西方的白色属秋,北方的黑色属冬。秋收冬藏,农事虽得到收获,但万物逐步凋零。因而在人们的情绪上,逐渐产生悲凉与哀伤。古人对这种方位、四季和颜色的感受传承至今,所以白色象征不祥。古人常以白色为丧事或丧服之色。守丧者身穿白色服装,或头胸戴白花,系白头绳,此习俗延续至今。白色在中华民族传统观念中,具有矛盾性的文化象征意义。白色象征贤明、清正的品格。此外,在民俗文化中还有一个较为特殊的现象,白色在汉民族中多用于寿诞,象征长寿。在我国古代,为祝贺夫妻长寿而送的寿礼就有"白头翁"和"白猿偷桃"的寿帐。

资料来源:彭雪华、曾庆芳:《从颜色词看中西文化差异》,《南昌大学学报》,2003年第11期,有删改。

　　触摸历史,厘清禁忌纷乱变幻的轨迹,可以窥见,禁忌是一种民俗信仰,千姿百态、异彩纷呈。千百年来,它迟迟不肯消退,不愿与人们诀别,依然深藏在乡间,残留在繁华的都市里,它像无形的网,在亿万国人身边飘忽,也在世界各民族间游荡,甚至还有新的禁忌出现。

·第35课·

人生习俗礼仪

——伴随中国人一生的仪式

人的一生要经历出生、入学、成年、婚嫁、寿庆、死亡等若干阶段，围绕着这些人生节点，形成了一系列人生礼仪。人是社会中的人，群体与社会正是通过这种礼仪对新的成员予以接纳与承认。梁漱溟在《人心与人生》中指出："礼的要义，礼的真意，就是在社会人生各种节目上要沉着、郑重、认真其事，而莫轻浮随便苟且出之。"

出生礼：生命的期盼与祝愿

中国传统出生礼因地域之别而具有不同的风貌和表现样式，但总的来看，大都包含了诞生、三朝、满月、百日、周岁五种主要礼仪，其具体表现形式也基本大同小异。

诞生礼。《礼记·内则》中载："子生。男子设弧于门左，女子设帨于门右。"若生的是男孩，在侧室门左悬弓一副；若是女孩，则在侧室门右悬帨。帨，音"睡"，是女子所用的佩巾。周礼昏礼中，女子出嫁，母亲也要亲自为女儿系结佩巾。显然，弓与帨，具有鲜明的性别特征。孩子出生后，一般是由孩子的父亲赴亲友家，主要是岳父母家报喜，所持喜物主要有红鸡蛋等。

206

三朝礼。《礼记·射义》中载:"故男子生,桑弧蓬矢,以射天地四方。天地四方者,男子之所有事也。故必先有志于其所有事,然后敢用谷也,饭食之谓也。"男孩出生三天以后,父母抱其出外,用弓箭射天地四方。很明显,这是期待男孩长大后志向高远。这天产妇开始给新生儿喂奶。为了使婴儿将来能吃苦,喂奶前在奶头上先洒几滴黄连水,使婴儿吃奶前先尝到苦味。而后将糖水等汁水用手指抹在婴儿嘴上,让婴儿吃奶。

满月礼。小孩出生满一月之日,亲朋好友带礼物来道贺,主人设丰盛宴席款待,称为满月酒。满月时,为小孩第一次剪头发,称为剃胎发。一般是请理发匠上门,理完后给赏钱。小孩则着新衣。

百日礼。新生儿满百日举行的仪式中,最为流行的是挂长命锁。长命锁是挂在儿童脖子上的一种装饰物,民间认为,只要佩挂上这种饰物,就能辟灾去邪,"锁"住生命。锁是一种起封闭作用的器具,门、箱等一旦上锁,就只有用钥匙才能打开。把锁的用处加以夸张引申,便可用来锁住无形的事物。

周岁礼。周岁礼最普遍的风俗就是"抓周"了。《东京梦华录》载:"罗列盘盏于地,盛果木、饮食、官诰、笔研、算秤等经卷针线应用之物,观其所先拈者,以为征兆,谓之'试晬'。此小儿之盛礼也。"小孩不经意的一抓,引起大人浮想联翩,这一风俗极为普遍,至今仍然流行于民间。

入学礼:开启漫漫求学路

古人尊师重教,拜请老师是孩子入学过程中最重要的一环。明朝黄佐的《泰泉乡礼》中记载了一个拜请私塾老师的过程:"众共推择学行兼备而端重有威者,送有司考选,以为教读。约正率钱具礼,于正月望后择日开学。预期,遣人赍书聘之。届期,乃躬迎之。约正率钱,凡有子弟愿入学者,人各不过五十文,多则纱一疋,侑以羊酒,少则布一疋,侑以鹅酒。"可见,古代的私塾教师一般都是当地学识出众、德行兼备的知识分子。拜请老师时,家长需要准备丰厚的礼品和学费(古代又称"贽见礼"),同时请人写下邀请函,以表尊敬。在古代,孩子们的学费没有定额,一般由家长根据家庭情况自由奉送给老师。《红楼梦》中的秦业为了能让儿子进入贾府的私塾中接受较好的教育,虽然囊中羞涩,但还是东拼西凑地封了二十四两银子的"贽见礼",并亲自带着儿子来到老师家拜叩。

入学的那一天,家长会带领孩子来到私塾中。学生先要叩拜至圣先师孔子神位,双膝跪地,九叩首;而后再拜私塾先生,三叩首。礼成,还要设宴款待老师。《杨阎公少年记事》中就曾记载,杨阎公入学时,曾跪倒在孔夫子的圣牌前,听老师念道"祝告先师、孺子启蒙、青云有路、鱼水化龙"等语句。接下来,启蒙老师会讲授人生最基本、最简单的道理,并举行整个入学仪式中非常隆重的部分——开笔礼。开笔礼的内容包括朱砂开智、击鼓明智、描红开笔、拜笔师等内容。所谓朱砂开智,就是用朱砂为刚刚入学的孩子的额头正中点上红痣,这又称之为"开天眼"。由于"痣"与"智"谐音,所以这一仪式寓意着孩子从此心明眼亮,好读书,读好书。而击鼓明智的风俗则来源于《学记》:"入学鼓箧,孙其业也。"意思是通过击鼓,用鼓声警示,引起学生对学业的重视。描红开笔主要是让孩子在老师的指导下学写人生的第一个字,这个字往往笔画简单,同时又蕴含着深刻的意义。由于笔在学子必备的文房四宝中最为重要,有的地方入学时除了拜至圣先师外,还要拜笔师——蒙恬,表示感念蒙恬发明毛笔。以上过程逐一完成之后,孩子们便可在自己的座位上坐下来,安心读书。从此以后,每日清晨,学生们必须先于老师到达学校,对着孔子牌位行完叩首礼后,再回到各自座位做功课。入学当天或数天后,老师还会给每个学生起个书名,以后在私塾里学习和参加科举考试就使用书名。在私塾中,每年遇上八月二十七日孔子的生日,学生都会举行各种庆典活动。

成人礼:体会"成人"的意义

《礼记》中记载"男子二十而冠,女子十五而笄",冠(笄)之礼是我国传统的成人仪礼。冠礼是中国古代成年男子年满二十岁时举行的象征独立与成熟的仪式,与冠礼相对,笄礼是古代女子十五岁时所举行的象征可以婚配的仪式。华夏先祖对于冠礼非常重视,所谓"冠者礼之始也",《仪礼》将其列为开篇第一礼,绝非偶然。冠(笄)礼既是履行成年人的权利和义务的开始,也是接受社会道德规范的约束与自我修身的开始。只有举行过成人礼,才正式告别少年时代,宣告长大成人,可以娶妻生子,谋求功名,成家立业,开创自己的天地。

古时行冠礼及其他仪礼,提前沐浴斋戒是可不或缺的环节。清爽和卫生固然是如此讲究的原因,但更重要的是借此表达对传统文化的敬意,塑造仪式的神圣和庄重感。冠礼要在宗庙中举行,在举行这项礼仪之前,要进行占卜,选定一个吉日,然后请一些朋友来观礼。加冠的程序相当烦琐,主要是因为须加三次冠:第一次加缁布冠,这是士经常戴的帽子,加此冠就表示已经可被称为士人;第二次是加皮弁,为白鹿皮所做,是参加国君视朝之服,或者是韦弁,即红色皮弁,这是参加军事之服;第三次是爵弁,乃黑色的皮弁,这是辅助君主祭祀之服。每一次都代表接受不同的身份,地位逐步高升。三加之礼完成之后,冠者要以成年人的身份去拜见母亲,感谢母亲的养育之恩。接着,冠者向自己的兄弟姊妹、亲戚行礼。传统文化中的表字风俗,也是冠礼中很重要的仪式程序之一。在古代中国,等孩子成年后,周围的人就不能直呼其名了。因为在古代中国,只有长辈、天子、国君才能直呼其名。为了社交的方便,就在姓名之外再取一个"字",供彼此称呼时使用。取"字",同样体现了长辈对他的期待。笄礼的方式跟冠礼差不多,但显得更优美,因为它是专为女子设计的成人礼。女子笄礼后,也要取一个表字。尚未许嫁的女孩子是没有"字"的,所以中国人把女孩子还没有许嫁叫"待字闺中"。

古代成人礼从氏族社会的成丁礼演变而来,一直延续到明代。随着时代的更迭与社会风气的改变,成人礼日益变得无足轻重,名不副实。到了清代,成人礼被终结,以致后人只能在"不知不觉"中进入成年。到了现代,成人礼在慢慢地恢复中,虽然在恢复过程中还有很多不完善的地方,但也是对我国优秀传统文化的继承和发扬,亦有许多值得肯定的地方。

婚礼:铭记一生的浪漫

中国人非常重视婚姻关系。《周易》说:"有天地,然后才会有万物;有万物,然后才有男女;有男女,然后才有夫妇;有了夫妇才有父子;有了父子才有君臣;有了君臣才有上下。"也就是说,所有的人伦关系,都是要从夫妇这一关系开始的,所以在古人心中,婚姻是"人伦之基",是伦理关系的基础。婚姻是社会的细胞,婚姻美满,则家庭和谐。家庭和谐,家族和社会就和谐。所以古人相当重视婚姻。也正是因为如此,嫁娶的礼仪就变得十分重要。

《礼记·士昏礼》记载,古时的婚仪分六个阶段:一是纳采,由男家请媒人到女家提亲,媒人实际成为纳采的主角,也是婚礼中的重要角色。纳采时,以送雁为礼,是取雁飞南北、合于阴阳之意,寓指男女成亲。二为问名,询问女子之名。经过媒人的纳采,女家表示同意后,男家再派人执雁到女家,向主人问名,女家则设筵席款待。问名的目的是将女子之名、出生时辰等做一占卜,以测定婚配的吉凶,这叫"合八字"。三为纳吉。若占卜预测婚配吉顺,男家即将吉兆的消息告诉女家,同时还要再以雁为礼物,从而正式确定婚姻,即订婚。四为纳征。指男家向女家送聘礼,后世称为"彩礼"。五为请期。男家送过聘礼之后,请人选择一个黄道吉日举行婚礼,之后再派人拿着大雁到女家通告日期,以征求女家意见。六为亲迎。到确定的成婚之日,新郎要亲自前往女家迎接新娘,后又称"迎亲",一般是傍晚黄昏之时,所以称为"昏礼"。新郎仍以雁为礼物交于女家。新娘由新郎迎入家中后,需设宴,新郎、新娘于席间进行"同牢""合卺"等仪式,预示相亲相爱。宴后,入洞房,新郎亲自摘下新娘头上的缨,撤去蜡烛,婚礼的仪式也就结束了。明代以后,又有了"归宁"之礼,即在婚后的第三天,新婚夫妻一同回女方家,拜见新娘父母,俗称"回门",或"回娘家"。

延伸阅读

有关婚姻的词汇

比翼鸟。民间传说中有一种鸟,雌雄总在一起飞,形影不离。《尔雅》载:"南方有比翼鸟,不比肩不飞,谓之鹣鹣。"人们根据此鸟的习性,常常用它来比喻形影不离的友人或恩爱夫妻,同时也引申为男女双方(已婚的或未婚的),常常用它来表达互相爱恋之情。

鹊桥。传说每年农历七月初七晚,喜鹊搭成桥以渡织女,使之与牛郎相聚。据此,后人也把成人之美,为互相爱慕的双方做中介之行为叫作"搭鹊桥"。

秦晋。春秋时,秦国与晋国是相邻的两个强国,一方面为扩大地盘而矛盾尖锐,另一方面又为了向中原发展的需要而联姻。后人因此称两姓联姻为"秦晋之好"。

洞房。因为唐朝的文人骚客多用洞房一词来指代男欢女爱的场合,时间久了,人们便用洞房一词专门指代新婚用的卧房了。

桃花运。桃花初绽,红白相间,艳丽喜人,所以常用来比喻容貌美丽的女子。旧小说里常将男人有艳遇称为"桃花运"。后来,也有人将轻易地遇到合适的女友,或是某人被多位女性追求,戏称为"走桃花运"。

资料来源:张建宏:《现代实用礼仪教程》(第2版),河南大学出版社2018年版。

寿礼:长寿期许与敬老风俗

《尚书·洪范》中说:"五福,一曰寿,二曰福,三曰康宁,四曰有好德,五曰考终命。"可见古人认为人的一生中,寿是第一位的,此即民间贺寿礼俗千古不灭的历史根源。按民间传统习俗,人活到五十岁才能称寿,六十为下寿,八十以上为中寿,百岁为上寿,同时六十岁也叫花甲寿,七十岁叫古稀寿,八十岁、九十岁叫耄耋寿,百岁叫期颐寿。随着生活条件的改善,人均寿命不断提高,现在人们做寿的时间普遍推迟,一般七十岁、八十岁才做寿。做寿的具体日期可以变动,并非就在生日那一天。不过日期变动只能提前,不能延后。之所以要允许祝寿的日期向前变动,是因为如果寿星的身体不太好或存在其他情况,时间不好安排。

在中国传统社会中,最为常见的寿礼形式是寿桃、寿糕与寿面等物品。寿桃之说全国皆有,唯制作的材料和形式有别,南方多以米面为主料,制作出来类似桃形的发糕,北方有些地区以木制寿桃模型为供。寿桃之说起源很早,《神异经》中记载:"东方有树,高五十丈,名曰桃。其子径三尺二寸,和核美食之,令人益寿。"神话中西王母做寿,在瑶池设蟠桃会宴请众仙,因而后世祝寿均用桃。糕之所以成为民众中一种沿袭甚久的祝寿礼品,也与某种吉祥寓意有关。在中国人的语音中,"糕"与"高"相谐,有"高兴""高升""抬高"等吉祥寓意,因此糕经常成为传统时代人们十分喜爱的食品,并成了传统时代的人们用来表示祈祝长寿、幸福之意的寿礼形式。赠送寿糕时,必须一个一个地将其放入红漆盘中,堆成塔状,较为讲究的还要在上面放上一些粉捏的吉祥人物塑像,如八仙、寿星、王母等。寿面是整个寿礼中的主食,寿日吃寿面,表示延年益寿。寿面之说来自彭祖,相传彭祖寿高八百,是因为其"脸长"。脸者"面"也,脸长也即"面长",所以后世就用细长的面来预示长寿,将祝寿的面称"寿面"。吃面时,既不可以筷子夹断,亦不可以口咬断之。

出席寿礼时,要穿色调明快,含有吉庆之意的红色、橙色等衣服,不宜穿全黑、全白或黑白相间的服装。祝贺时要使用合适的祝寿语,如"福如东海,寿比南山""寿星高照,松鹤延年""身心愉快,天地比寿""如松如柏,青春永驻"。祝寿时切忌说"死""病""灾"之类的不吉利的话。

丧葬祭礼:慎终追远

丧葬礼是人结束了一生后,由亲属、邻里、朋友等进行哀悼、纪念、评价的仪式。中国人非常看重葬礼,传统葬礼十分烦琐复杂且有一些迷信成分。在现代文明的冲击下,今天的丧葬礼仪已比过去简化。

老人生命垂危之时,子女等直系亲属守护其身边,听取遗言,直到亲人去世,俗称"送终"。送终是一件大事,能为老人送终表明子女尽了最后的孝心,未能为老人送终常成为人们一生中的一大憾事。有没有子女送终，是不是所有子女都来送终，又是老人是否有福的一个民间判别标准。

报丧可以说是人死后的第一种仪式了。报丧仪式早在周代的时候就已经形成了，它用发信号的方式把有人逝世的消息告诉亲友和村人，即使是已经知道消息的亲友家，也要照例过去报丧。在中国人的传统观念里，报丧不仅是一种形式上的礼仪，更是一种和亲属家人一起分担悲痛的做法。按照古代的丧俗，灵柩最少要停三天。据说是希望死者还能复生。三天还不能复活，希望就彻底破灭了。实际上停柩的时间长，是由于当时丧礼烦琐复杂，尤其是天子诸侯，需要浩大的陵墓和大量随葬品，需要耗费大量的人力和时间。葬礼以后，有做七、断七、百日、周年等追悼仪式。所谓"做七"，就是每逢七天一祭，七七四十九天才结束。这主要是受佛教和道教的影响。丧葬期间，死者家属一般只戴一条黑布(纱)，表示亲人去世，自己正在哀期，还表示对亲人的哀思怀念。

前去参加吊唁的人，应着素装，佩戴白花和黑纱，忌穿颜色艳丽的服装。女士不应涂抹口红，不戴鲜艳的围巾，尽量避免佩戴饰物，如需要可考虑白珍珠或素色饰品，避免佩戴黄金。在吊唁的时候要显示出悲伤的情绪，更要说些安慰当事人的话。不可与参加吊唁的其他人交头接耳，议论其他事情，甚至谈笑风生；更不可结群吵闹，嬉戏追逐。在追悼会上人们常常送的就是一些礼金，这是一种约定俗成的交往礼物，又是你的一份心意，毕竟在开追悼会的时候总是需要花费和开销的，你的礼金能够减轻他们的经济负担。

中华民族自古就有慎终追远的传统，而且早在西周时期，祭祀祖先就是国家头等的大事，如《左传·成公十三年》所说："国之大事，在祀在戎。"《礼记祭统》亦说："礼有五经，莫重于祭。"因此，在先秦时期，都城都要设立太庙、大殿一类建筑，在春秋两季或祖先的诞辰日、忌日举行祭祀活动。秦汉以后,这种祭祀活动又从庙宇祭祀扩展到陵寝墓地祭祀。祭祖,表示后继有人;祭祖的延续,小指一个家族,大指一个民族、国家的生存和延续,反之,则表明这个家族或民族、国家的灭亡,即"亡国灭种"。在古文献中就有这方面的记载。如武王封"黄帝之后于蓟,封帝尧之后于祝,封帝后之后于陈",又封"夏后氏之后于杞;投殷之后于宋","褒封神农之后于焦"。(《礼记乐记》)对这些先代之后的分封,其目的之一就是延续其香火,以此表明该族的存在和延续。若无后裔,其香火也就断了,其族也就不复存在了。

节日习俗礼仪

——极富寓意的中国节

中国传统节日之所以能流传千百年,是因为每个节日背后都有着深厚的文化渊源,从某种程度上说,它们是一个民族的历史记忆。从流传至今的节日风俗里,我们还可以清晰地看到古代劳动人民社会生活的精彩画面,而且可以深深感受到我国古代劳动人民的智慧和才华。传统节日独具的喜闻乐见、全民参与的特点,决定了它在弘扬民族文化中有着不可替代的作用。富裕起来的中国人需要心灵的安慰、精神的支撑和情感的表达。随着人们内心世界需求的增多,有着丰富精神资源累积的历史传统,就越有可能和必要再现。可以说,传统节日的那些仪式,也是推动社会稳定发展、祥和进步的动力。

延伸阅读

中国传统节日的魅力

我们总是陶醉徜徉于域外的浪漫节日,常常为日本那个颇有风情的三月三女儿节(又称桃花节)惊美,但又有几人知道它的前身是我们本不该忘却的记忆——上巳节？谁还记得1700年前的一个上巳节里，曾有一群人徜徉在会稽兰亭参加上巳修禊，在曲水流觞中吟出了三十七首好诗，书圣王羲之则在那一天写出了天下第一行书《兰亭集序》？其实，中国传统节日才有着真正无与伦比的美丽。

在林林总总的节日里，有一个特别的日子，叫作"花朝节"，那是每年的农历二月十二。这一天也叫"花神节""百花生日节"。在这一天，无论是男女老少还是墨客农夫，都会供奉花神。中国恐怕也是唯一一个为一年十二个月都选评了花之代表花神的国度。十二位花神有男有女，都是历史上真切存在过的人物，他们在国人的景仰中成为花神，又在这个初春时节随着百花生日为世人吟咏。在世人心目中，花朝节对于女儿家更有格外的含义。《红楼梦》中的林黛玉便生在这个百花生日之时。"百花生日是良辰，未到花朝一半春。"春赏春花，秋赏秋月，我们的祖先是那样的诗意浪漫而优雅。

经济发展，社会变革，文化多元，人们的生活习惯也随之改变，其中一个重要的表现就是很多传统生活礼仪逐渐被我们所遗忘，所抛弃。我们不禁要问，那曾经造就了温文尔雅的礼仪之邦的礼，曾经支配了中国人几千年生活方式的礼，真的就只能停留在田园诗般的古代农业社会，走不进科技迅猛发展的现代社会吗？这确实是个值得认真思考的问题。

资料来源：张建宏：《现代实用礼仪教程》（第2版），河南大学出版社2018年版。

立春习俗：一年之计在于春

我国古代根据气候变化的周期规律把一年划分为二十四个节气，而立春是二十四节气之首。我国自古为农业国，春种秋收，关键在春。民谚有"一年之计在于春"的说法。在汉代前，我国历法曾多次变革，那时曾将二十四节气中的立春这一天定为春节，意味春天从此开始。这在《后汉书·杨震传》中有载："春节未雨，百僚焦心，而缮修不止，诚致旱之征也。"直到1913年，当时的国民政府正式下发了一个文件，明确每年的正月初一为春节。此后立春日，仅作为二十四个节气之一存在并传承至今。

"迎春"是中华先民于立春日进行的一项重要活动。旧时，地方官亲自主持祭祀仪式，上香、献供、读疏文，三拜九叩芒神和放在供桌前的一只泥制春牛，祈求国泰民安、五谷丰登。之后将春牛请至官署衙前，视为"迎春"。立春后，人们在春暖花开的日子里，喜欢外出游春，俗称出城探春、踏春，这也是春游的主要形式。

"立春"这一天，中国民间习惯吃萝卜、姜、葱、面饼，称为"咬春"，是中国人特有的一种风俗。一个咬字，是心情，更是心底埋下的吃得了苦的一种韧劲儿。唐《四时宝镜》记载："立春，食芦、春饼、生菜，号'菜盘'。"可见唐代人已经开始试春盘、吃春饼了。春卷是由古代立春之日食用春盘的习俗演变而成的。宋代有一种"卷煎饼"，是春饼与春卷的过渡类型。元代《居家必用事类全集》中已经出现将春饼卷裹馅料油炸后食用的记载。到了清代已出现春卷的名称。春卷做法是用烙熟的圆形薄面皮卷裹馅心，成长条形，然后下油锅炸至金黄色浮起而成。馅心可荤可素，可咸可甜。

春节习俗：辞旧迎新过大年

中华民族传统历法岁首为正月初一，现今无论中国人还是海外华人都统一称其为"春节"，但在中国历史上却称之为"元旦"。宋人吴自牧在《梦粱录·正月》中说："正月朔日，谓之元旦，俗称为新年。"据《史记》载，夏代元旦为正月初一；殷商定在十二月初一；周代提前至十一月初一；秦始皇统一全国以后，再提前至十月初一，直至西汉初期；到汉武帝时颁行《太初历》，才恢复夏代的以正月初一为元旦。以后历代相沿未改，所以这个历法又叫"夏历"（今俗称为农历）。1912年元旦，中华民国在南京成立，孙中山就任临时大总统，随即宣布废除旧历改用阳历（即公历），用民国纪年。但民间仍按传统沿用旧历即夏历，仍在当年2月18日（壬子年正月初一）过传统新年，其他传统节日也照旧。有鉴于此，1913年（民国二年）7月，当时的袁世凯批准以正月初一为春节，并同意春节例行放假，次年起开始实行。自此夏历岁首称"春节"，一直相沿至今。

古今的春节时间长短是不同的。古人从腊月初八就开始过春节，热闹到正月十五；今天人办事效率高，起始时间延迟了半个月，从腊月廿四"扫尘日"开始，各种民俗活动把喜庆推向正月初一达到高潮，同样闹腾到元宵。民谚说："腊月二十四，掸尘扫房子。"北方叫扫房，南方叫掸尘。在祭灶前后至除夕，都有一次卫生大扫除。因"尘"与"陈"谐音，新春扫尘有"除陈布新"的含义，其用意是要把一切疫病、穷运、晦气统统扫出门。除夕这一天对华人来说是极为重要的。这一天人们准备除旧迎新，吃团圆饭。家庭是华人社会的基石，一年一度的团年饭充分表现出中华民族家庭成员的互敬互爱，这种互敬互爱使一家人之间的关系更为紧密。家人的团聚往往令一家之主在精神上得到安慰与满足，老人家眼看儿孙满堂，一家大小共叙天伦，过去的关怀与抚养子女所付出的心血总算没有白费，这是何等的幸福。而年轻一辈，也正可以借此机会向父母的养育之恩表达感激之情。俗传正月初一拜年、占岁、聚财，同时也是扫帚生日，这一天不能动用扫帚，否则会扫走运气、破财，而把"扫帚星"引来，招致霉运。假使非要扫地不可，须从外头扫到里边。农历正月初五，是财神爷生日，民间有迎财神习俗。不过，中国的财神不止一个神，财神节也不止一个日子。财神爷对商家来说至关重要，因而对财神爷礼拜最勤。一般商家都在初四晚上接请东西南北中"五路财神"，初五开市，以图吉利。

元宵习俗：火树银花不夜天

农历正月十五是汉族的元宵节，又称上元节。中国道教有"天官当令是上元"的说法，据说天官正月十五生，上元之夜家家要点灯庆贺，因而这一天又称"灯节"。东汉明帝信奉佛教，他要求宫廷、寺院在上元之夜"燃灯表佛"，又命士族、百姓一律挂灯敬佛。于是，灯节逐步演变成了汉族民间的盛大节日。

正月十五元宵节的来历本与龙无关，但在元宵节中，舞龙灯的活动必不可少。早在宋代，就有了龙灯。吴自牧在《梦粱录》中记载了南宋城中的龙灯："元宵之夜……草缚成龙，用青幕遮草上，密置灯烛万盏，望之蜿蜒如双龙之状。""猜灯谜"又叫"打灯谜"，是元宵节后增加的一项活动，灯谜最早是由谜语发展而来的，起源于春秋战国时期。它是一种富有讥谏、规诫、诙谐、笑谑意味的文艺游戏。民间有过元宵节吃元宵的习俗。元宵由糯米制成，或实心，或带馅。馅有豆沙、白糖、山楂、各类果料等，食用时煮、煎、蒸、炸皆可。起初，人们把这种食物叫"浮圆子"，后来又叫"汤团"或"汤圆"，这些名称与"团圆"字音相近，取团圆之意，象征全家人团团圆圆、和睦幸福，人们也以此怀念离别的亲人，寄托了对未来生活的美好愿望。如今，元宵与端午的粽子、中秋的月饼一起,被称为中国的三大节令食品。

中国古代女子平时三步不离闺阁,更何况是夜晚。但元宵节这一天可以破禁,女孩子们可以结伴出去游玩,尽情享受欢娱。宋代康与之的《瑞鹤仙》便向我们展示了当时仕女在元宵节出行的盛况:"绮罗丛里,兰麝香中,正宜游玩。风柔夜暖。花影乱,笑声喧。闹蛾儿满路,成团打块,簇著冠儿斗转。"而这种佳人如云的氛围,也给未婚男女的相识相爱提供了良机。《大宋宣和遗事》中的"那游赏之际,肩儿厮挨,手儿厮把,少也是有五千来对儿",便描绘了元宵时节,汴梁城里至少有五千对青年男女,在众目睽睽之下,毫不顾忌地手拉手、肩并肩地卿卿我我、谈情说爱的场景。

清明习俗:祭扫踏青正清明

要谈清明节,须从古代一个非常有名的,现在已失传的节日——寒食节说起。寒食节,又称熟食节、禁烟节、冷节。它的日期,是距冬至一百零五日,也就是距清明不过一天或两天。这个节日的主要节俗就是禁火,不许生火煮食,只能吃备好的熟食、冷食,故而得名。寒食节相传是源于春秋时代的晋国,是为了纪念晋国臣子介子推。其实,寒食节的真正起源,是源于古代的钻木、求新火之制。古人因季节不同,用不同的树木钻火,有改季改火之俗。而每次改火之后,就要换取新火。新火未至,就禁止人们生火。在禁火之时,人们就准备一些冷食,以供食用,这样慢慢就成了固定的风俗了。由于清明节气在寒食第三日,后世随着时间的迁移,逐渐把寒食的习俗移到清明之中。

人们常常认为,清明节就是扫墓祭祖、祭奠亲人的节日。其实,清明节既是我国的传统节日,又是二十四节气之一,意味着从此春光明媚,草木发华,万物生长,皆清洁而明净,所以叫作"清明"。清明祭祖都要到郊外去,在哀悼祖先之余,欣赏明媚春光,远足青郊原野。清明节除了祭扫,还特别适合植树、采茶、踏青、放风筝、荡秋千等活动。清明时节,雨量增多,特别适合农作物播种、中耕、采茶或植树,所以民间流传着"明前茶,两片芽""植树造林,莫过清明"等谚语。清明时节植树留春,有留住生命的寓意。清明放风筝不仅是一项游艺活动,而且被古人赋予可以放走自己晦气的意思。荡秋千也有驱除不快的寓意,同时秋千荡得越高,象征生活过得越美好。

端午习俗:避恶竞渡悼屈原

端午节又叫端阳节、重午节。"端"字有"初始"的意思,因此"端五"就是"初五"。而按照历法五月正是"午"月,因此"端五"也就渐渐演变成了现在的"端午"。对于端午节的由来,各本其源,有屈原说、伍子胥说、曹娥说、三代夏至节说、恶月恶日驱避说、吴越民族图腾祭说等。其中,在民间影响最大、范围最广的看法,认为端午节是为了纪念投汨罗江而死的忠臣屈原。

史料记载,公元前278年农历五月初五,楚国大夫、爱国诗人屈原听到秦军攻破楚国都城的消息后,悲愤交加,心如刀割,毅然写下绝笔作《怀沙》,抱石投入汨罗江,以身殉国。沿江百姓纷纷引舟竞渡前去打捞,沿水招魂,并将粽子投入江中,以免鱼虾蚕食他的身体。粽子作为祭祀用品,早在春秋时期就已出现,但粽子被正式定为端午节食品,则是在晋代。明清两代,粽子更是被作为一种吉祥食品。相传,那时凡参加科举考试的秀才,在赴考场前,要吃家中特意给他们包的细长得像毛笔的粽子,称"笔粽",取其谐音"必中",为讨吉言口彩。鸡蛋也是端午节的重要食品,民间普遍认为吃了蛋就能使心气精神不受亏损。在我国江南一些地区,每逢端午节,孩子们还要在胸前挂一个用网袋装着的鸡蛋或鸭蛋,以祈一年中逢凶化吉、平安无事。端午节也是自古相传的"卫生节",人们在这一天洒扫庭院,挂艾枝,悬菖蒲,洒雄黄水,饮雄黄酒,激浊除腐,杀菌防病。端午节小孩佩香囊,传说有避邪驱瘟之意,实际是用于襟头点缀装饰。香囊内有朱砂、雄黄、香药,外包以丝布,清香四溢,再以五色丝线弦扣成索,做各种不同形状,结成一串,形形色色,玲珑可爱。

《太平御览》记载:"五月俗称恶月,俗多六斋放生。"五月为恶月,"双五"的五月五日便在传统礼俗中被认为是"恶日"。《风俗通》佚文:"俗说五月五日生子,男害父,女害母。"《论衡》的作者王充也记述:"讳举正月、五月子;以正月、五月子杀父与母,不得举也。"但在历史上,端午节出生者中出了不少名人。头一位端午出生的名人是战国时齐国的孟尝君田文。其父田婴认为他是恶月恶日出生,曾极力主张扔掉他。孟尝君后来建立一番功业,成为战国四公子之一。东晋大将王镇恶也是端午日出生,家人不想要他,祖父前秦丞相王猛却不这样看,他给这个孙子起名镇恶,希望他能振兴家族。王镇恶不负所望,归晋后成为一员猛将。其实生日并不代表什么,不管哪一天出生,都有伟大人物和平常人物,也都有穷凶极恶之徒,关键在于后天的培养教育。就如田文,如果不是母亲的照顾、父亲后来的悉心呵护,如何能成为杰出人才;王镇恶也是如此,如果不是祖父的特别关照,如何成为名将。

七夕习俗:从"乞巧日"到"情人节"

七月初七日为七夕节,庆贺天上牛郎与织女的一年一会,亦称"乞巧节""少女节""情人节"。牛郎织女的故事最早起源于星辰崇拜,是人们将牵牛星和织女星神化和人格化的产物。牛郎织女故事雏形最早见于《诗经》,后经历代流传和加工,最终形成了优美动人的神话故事。

据史料记载,七夕习俗起源于汉代,东晋葛洪的《西京杂记》有"汉彩女常以七月七日穿七孔针于开襟楼,人俱习之"的记载,这便是我们于古代文献中所见到的最早的关于乞巧的记载。后来的唐宋诗词中，妇女乞巧也被屡屡提及，唐朝王建有诗说"阑珊星斗缀珠光，七夕宫娥乞巧忙"。据《开元天宝遗事》载，唐太宗与妃子每逢七夕在清宫夜宴，宫女们各自乞巧。这一习俗在民间也经久不衰，代代延续。如在浙江杭州、宁波、温州等地，仍有类似的乞巧习俗。在这一天用面粉制成各种小型物体，用油煎炸后称"巧果"，晚上在庭院内陈列巧果、莲蓬、白藕、红菱等。女孩对月穿针，以祈求织女能赐以巧技。

民俗学家曾考证，中国有三个爱情节日，即元宵、三月初三和七月初七。七夕从产生起就纯粹是个爱情节日，2000年前的《诗经》中，就有关于七夕的爱情诗歌："维天有汉，监亦有光；跂彼织女，终日七襄。虽则七襄，不成报章；睆彼牵牛，不以服箱。"可以说，我们的爱情节日比西方要提前了1000多年。直到今日，七夕仍是一个富有浪漫色彩的传统节日。但不少习俗活动已弱化或消失，唯有象征忠贞爱情的牛郎织女的传说，一直流传民间。

中秋习俗：千里共婵娟

我国古代很早就有祭祀月亮的礼俗，据《周礼》记载，周代已有"中秋夜迎寒""秋分夕月（拜月）"的活动；农历八月中旬，又是秋粮收获之际，人们为了答谢神祇的护佑而举行一系列仪式和庆祝活动，称为"秋报"。中秋时节，气温已凉未寒，天高气爽，月朗中天，正是观赏月亮的最佳时令。因此，后来祭月的成分便逐渐为赏月所替代，祭祀的色彩逐渐褪去，而这一节庆活动却延续下来，并被赋予了新的含义。

在中秋节的演变过程中，古老的礼俗与众多神话传说及中华传统文化中其他诸多因素结合在一起，最终形成了内涵丰富的重要节庆。这其中最有名的就是围绕着月宫的一系列神话，如嫦娥奔月、吴刚伐桂、唐明皇游月宫等，它们给月宫套上了七彩霓虹般神秘绚丽的光环，使之充满浪漫色彩。相传古代齐国丑女无盐,幼年时曾虔诚拜月,长大后,以超群品德入宫,但未被宠幸。某年八月十五赏月,天子在月光下见到她,觉得她美丽出众,后立她为皇后,中秋拜月由此而来。月中嫦娥,以美貌著称,故少女拜月,愿"貌似嫦娥,面如皓月"。

中秋节的正式形成尤其是在民间盛行应是宋代的事情。北宋,正式定八月十五为中秋节,并出现了"小饼如嚼月,中有酥和饴"的节令食品,赏月、吃月饼、赏桂、观潮等节庆活动蔚然成风。明清时期,中秋始与元旦齐名,成为我国仅次于春节的第二大传统节日。每逢中秋,各家都要设"月光位",准备瓜果月饼,"向月供而拜",所供月饼必须是圆的,瓜果切成如莲花般的牙瓣。街市出售月光纸,上面绘有月神和玉兔捣药等图案。祭月后将月光纸焚烧,所供的果饼分给家中的每个成员。中秋节是合家团圆的日子,人们互相馈赠月饼表达良好祝愿,很多人家还要设宴赏月,一派佳节盛况。

重阳习俗:肴酒登高赏秋菊

九九重阳节,又称重九节、茱萸节、菊花节、登高节,今称"敬老节""老人节",是一个非常温馨的传统节日,寓意平安和谐、生命长久和健康长寿。农历九月九日之所以叫重阳节,是因为《易经》中有"以阳爻为九"之说,这个记载大约是在西周时期,其内涵就是把"六"定为阴数,把"九"定为阳数,九月九日,两九相重为"重九",日月并阳,故名"重阳"。

重阳节作为我国的传统节日最早在南北朝时期的著作中就已经提到了。屈原的《远游》中写道:"集重阳入帝宫兮,造旬始而观清都。"但这里的"重阳"还不是指九九重阳节。三国时期曹丕写下的《九日与钟繇书》,对"重阳节"之名已有正式记载了。到了魏晋时期有了赏菊、饮酒的习俗,这在陶渊明的作品中有所体现。到了唐代,重阳节才被定为正式的民间节日,普天同庆。到了明代,皇宫上下要一起吃花糕以庆祝,皇帝要亲自到万岁山登高,以畅秋志。到了清代,这种风俗依旧盛行。"九九重阳",因为与"久久"同音,九在数字中又是最大数,有长久长寿的含义,而且秋季也是一年收获的黄金季节,因此,重阳节寓意深远,人们对此节历来怀有特殊的感情。因此,重阳节这天习俗众多,包括秋游赏景、临水玩乐、登高远眺、观赏菊花、遍插茱萸、吃重阳糕、饮菊花酒等。登山既可锻炼身体,又可以观看美景;赏菊可以陶冶性情;吃重阳糕、饮菊花酒对身体有益。所以说,重阳节的活动是浪漫的。

随着时代的发展,今天的重阳节被赋予新的含义。1989年我国把每年的九月九日定为"老人节""敬老节",成为尊老、敬老、爱老、助老的老年人节日。

冬至习俗:冬至大于年

冬至,是中国农历中一个重要的节气,也是中华民族的一个传统节日,冬至俗称"冬节""长至节""亚岁"等。早在2500多年前的春秋时代,中国就已经用土圭观测太阳,测定出了冬至,它是二十四节气中最早制订出的一个,时间在每年的公历12月21日至23日之间。

我国古代对冬至很重视,冬至被当作一个较大节日,曾有"冬至大如年"的说法,而且有庆贺冬至的习俗。《汉书》中说:"冬至阳气起,君道长,故贺。"人们认为:过了冬至,白昼一天比一天长,阳气回升,是一个节气循环的开始,也是一个吉日,应该庆贺。《晋书》记载:"魏晋冬至日受万国及百僚称贺……其仪亚于正旦。"说明古代对冬至日的重视。汉朝以冬至为"冬节",官府要举行祝贺仪式称为"贺冬",例行放假。《后汉书》中有这样的记载:"冬至前后,君子安身静体,百官绝事,不听政,择吉辰而后省事。"所以这天朝廷上下要放假休息,军队待命,边塞闭关,商旅停业,亲朋各以美食相赠,相互拜访,欢乐地过一个"安身静体"的节日。

在唐、宋时期,冬至是祭天祭祖的日子,皇帝在这天要到郊外举行祭天大典,百姓在这一天要向已故父母尊长祭拜,除了各家祭拜自己直系祖先之外,凡有"祖祠"或"祖庙"的就要合族举行祭祀典礼,称为"祭冬"。有的在冬至前十天举行,仪式隆重,祭后设宴招待亲友,深具敦亲睦邻的功能。现在仍有一些地方在冬至这天过节庆贺,也就逐渐延伸为扫墓。冬至经过数千年发展,形成了独特的节令食文化。诸如馄饨、饺子、汤圆、赤豆粥、黍米糕等都可作为年节食品。较为普遍的风俗有冬至吃馄饨。早在南宋时,临安人就在冬至吃馄饨,开始是为了祭祀祖先,后逐渐盛行开来,民间有"冬至馄饨夏至面"之说。

腊八习俗:喝粥许愿,祈福新年

《说文》载:"冬至后三戌日腊祭百神。"可见,冬至后第三个戌日曾是腊日。后由于佛教介入,腊日改在十二月初八。在民间,这天有喝腊八粥、许心愿、祝平安等习俗。

据传,佛教创始人释迦牟尼修行深山,静坐六年,饿得骨瘦如柴,曾欲弃此苦,恰遇一牧羊女,送他乳糜,他食罢盘腿坐于菩提树下,于十二月初八之日悟道成佛,为了纪念而始兴"佛成道节"。这一天,各寺院都要举行诵经,并效仿牧女在佛成道前献一种"乳糜"之物,供佛斋僧,这便是腊八粥的来历。我国喝腊八粥的历史,已有1000多年。最早开始于宋代。每逢腊八这一天,不论是朝廷、官府、寺院还是黎民百姓家都要做腊八粥。到了清朝,喝腊八粥的风俗更是盛行。在宫廷,皇帝、皇后、皇子等都要向文武大臣、侍从宫女赐腊八粥,并向各个寺院发放米、果等供僧侣食用。在民间,家家户户也要做腊八粥,祭祀祖先;同时,合家团聚在一起食用,馈赠亲朋好友。腊八粥吃了几天还有剩下来的,却是好兆头,取其"年年有余"的意义。如果把粥送给穷苦的人吃,那更是为自己积德。

在古代,因为在寒冷的天气里,一些老百姓没有东西吃,一些寺庙就开始开展慈善活动,将煮腊八粥、分给老百姓吃纳入佛教活动,此后开始盛行起来。现如今,不少寺庙恢复了"施粥"的传统。这天,很多人会选择在清晨去寺庙和派发腊八粥的地方排队领粥,这碗粥也被称为"福寿粥"。人们之所以不惜冒着寒风费时耗力地跑出去领碗粥,其中有许多当是为了体味人与人互相关怀的气氛,恢复那些曾经的体恤或被体恤的记忆,在腊八粥的香气中追念一种久远的传统——与"施粥"行为无从分割的慈善传统。之所以如此,首先是因为"腊八粥文化"具有特殊的"时令"特点。在中国绝大部分地区,腊八正值天寒地冻的时节,对于穷人来说此际分外难熬。衣食的必需加上年节的压力,使得每年一到这时候,世态人心的碰撞就分外激烈起来。这固然使一些家庭可以尽享喜悦,而另外一些家庭则可能"过年如过关"。所谓"几家欢乐几家愁",唯此时为甚。诸多统计数字表明,腊月往往是一个各类案件多发的月份。正是因为腊月所自然形成的这种特殊社会心理背景,自古以来,人们特别注重在腊月的行善施德,通过施予救济帮助贫穷者度过严冬,顺利熬过"年关"——"腊八施粥"的普遍传统也正是这样形成的。腊八施粥是中华传统美德的一个小缩影,现代人效仿古人是对这些美德的一种留恋。

参考文献

[1]蒋璟萍. 礼仪的伦理学视角[M]. 北京:中国社会出版社,2007.

[2]彭林. 儒家礼乐文明讲演录[M]. 桂林:广西师范大学出版社,2008.

[3]何春晖,彭波. 现代社交礼仪[M]. 杭州:浙江大学出版社,1995.

[4]金正昆. 涉外礼仪教程[M]. 2版. 北京:中国人民大学出版社,2008.

[5]周思敏. 你的礼仪价值百万[M]. 北京:中国纺织出版社,2009.

[6]张晓梅. 晓梅说礼仪[M]. 北京:中国青年出版社,2008.

[7]张晓梅. 现代女性礼仪[M]. 北京:中国妇女出版社,2007.

[8]韩红月. 每天学点礼仪学[M]. 北京:新世界出版社,2009.

[9]杨丽敏. 现代职业礼仪[M]. 北京:高等教育出版社,2007.

[10]刘秀丽. 职业礼仪[M]. 北京:中国铁道出版社,2011.

[11]李春生. 微笑与服务美学[M]. 北京:中国经济出版社,2000.

[12]何秉尧. 魅力礼仪[M]. 北京:人民出版社,2008.

[13]中央文明办. 迎奥运、讲文明、树新风礼仪知识简明读本[M]. 北京:学习出版社,2007.

[14]联合国贸易网络上海中心.如何与外国人打交道:海外商务文化礼仪习俗指南[M].上海:上海世界图书出版公司,2009.

[15]张建宏,林琳.现代实用礼仪教程[M].郑州:河南大学出版社,2015.

[16]张建宏.社交礼仪与沟通技巧[M].北京:国防工业出版社,2011.

[17]张建宏.现代商务礼仪教程[M].北京:国防工业出版社,2011.

[18]张建宏."革命"传统课堂 打造高效课堂[M].中国教育报,2018-04-17.

[19]张建宏.走出职业院校礼仪教学的三大误区[N].中国教育报,2017-04-11.

[20]张建宏.以"小"仪式养"大"价值观[N].中国教育报,2017-05-09.

[21]张建宏.供给侧改革思维下秘书礼仪课程的教学改革研究[J].秘书,2017(2).

[22]张建宏.文秘专业礼仪课"全面协同"教学模式的研究与实践[J].秘书,2016(7).

[23]张建宏.从大学"上课穿拖鞋"谈礼仪教育[J].教育与职业,2014(8).

[24]张建宏.礼仪课程教学研究与实践[J].秘书,2014(2).

[25]张建宏."旅游礼仪"课程教学随想[N].中国旅游报,2012-02-15.

[26]张建宏.微笑的训练[J].饭店世界,2006(5).

[27]张建宏.网球运动礼仪[J].秘书,2007(7).

[28]张建宏.运动社交礼仪[J].秘书之友,2008(4).

[29]张建宏.高尔夫球的礼仪文化[J].公关世界(A版),2006(12).

[30]张建宏. 礼仪也是生产力[J]. 公关世界(A版),2007(10).

[31]张建宏. 谈职校旅游专业礼仪教育[J]. 职教论坛,2004(1).

[32]张建宏. 中华传统节日习俗说略[J]. 餐饮世界,2010(4).

[33]张建宏. 礼仪楷模——周恩来[J]. 兰台世界,2011(5).

后 记

  中国自古就有"礼仪之邦"的美誉;身居礼仪之邦,应为礼仪之民。大学生是弘扬优秀传统礼仪文化的主力军,以礼待人应当是其基本素养。让人备感尴尬的是,当今大学生的礼仪修养现状却是难尽如人意:上课迟到、早退,带早饭进课堂,穿拖鞋上课,在课堂上玩手机,路遇任课老师视若不见,进老师办公室不敲门,公共场合言行粗俗、举止不雅……更有部分学生触及道德底线,如利用网络发表不当言论,恶意拖欠国家贷款,为求职制造虚假简历材料……如今的大学生缘何如此失礼? 这里既有社会问题、个人问题,也有家庭教育缺失问题,当然也少不了学校教育问题。

  在当今社会"无礼"盛行的氛围中,那些被古礼浸染过的长者,却给今天的年轻人传递出一种无形的礼仪的力量。经济学家茅于轼先生每次在工工整整地写完信之后,都不忘落款"茅于轼上"。一个"上"字,道尽了一个人的礼仪素养。2005年,有人曾拜会著名的历史地理学家侯仁之及其夫人,告辞时,当时已经八十高龄的侯夫人面向客人几番后退躬身相送,令在场的人无不感慨。侯夫人毕业于燕京大学,那时,在大学里,礼仪也是一门必修的课程。

孔子曰："不学礼,无以立。"礼仪教育是人生的第一课,是我们学习、生活的根基,每一位社会成员都有义务和责任,学习礼仪、传承礼仪。目前,市面上关于礼仪文化方面的书可谓琳琅满目。但令人遗憾的是,这些书大都介绍西方礼仪,较少提及中国传统礼仪。另外,这些书大都孤立地注重了礼仪的形式,而对礼仪的内涵和本质缺乏必要的论述,读者只能"依样画葫芦",甚至"逢场作戏",无法从内心里认同这些礼仪文化。我们认为,中国传统礼仪意蕴非常深厚,任何一本礼仪书都应当对此做详尽而正确的介绍。

没有高度的文化自信,就没有文化的繁荣兴盛,中华民族的伟大复兴就无从谈起。习近平总书记在党的十九大报告中提出:让中华文化展现出永久魅力和时代风采。中华文化是中华民族生生不息的精神滋养,而传统礼仪文化是中华文化的基因。传统礼仪文化曾经塑造了一个文质彬彬、从容优雅的民族;时至今日,它仍然是当代新礼仪文化建设的思想材料,如作为中国传统礼仪文化核心意蕴的"仁义礼智信"就是社会主义核心价值观的重要源头。2017年1月,中共中央办公厅、国务院办公厅印发的《关于实施中华优秀传统文化传承发展工程的意见》提出:研究提出承接传统习俗、符合现代文明要求的社会礼仪、服装服饰、文明用语规范。

本书秉持"传承与发展、中西方结合"的礼仪文化传播理念,针对大学生的特点,主打"给身心充电"这一概念,全面系统地阐述了大学生应掌握的各种礼仪知识。全书整体结构脉络清晰,论述循序渐进,内容丰富,共分成36堂课。

本书有两大特色:首先,对中国传统礼仪文化进行了现代诠释,在引经据典的同时,对传统礼仪文化的现代价值进行了充分的挖掘。其次,对各种礼仪规则进行了更为生动的演绎和诠释,又辅以相关延伸阅读,以满足"悦读"时代的要求,以便让读者在快乐的氛围里学习礼仪知识。

本书是2017年义乌工商职业技术学院校企合作教材建设项目（编号：2017jc24）成果之一。由于时间和水平方面的原因，书中还存在不少欠缺和不足，欢迎专家和广大读者提出批评意见，以便日后修订完善。若有建设性意见，亦望赐教！

张建宏
2018年8月